그림으로 읽는 아이들 마음

그림으로 읽는 아이들 마음

나카니시 요시오 지음 | 김장일 옮김

사□□계절

한국어판을 내면서

지난 해 여름이었습니다. 다이토 분카 대학 이연숙 교수로부터 뜻하지 않은 전화를 받았습니다. 저의 책을 한국어로 번역, 출판하고 싶다는 내용이었습니다.

생각지도 않았던 일이라 조금 당황했습니다만, 이 교수는 "사계절출판사에서 꼭 출판하고 싶다고 합니다. 이 책은 한국 어린이들을 지도하는 데도 대단히 도움이 되리라 생각하니 허락해 주세요"라며 거듭 요청하였습니다.

이웃 나라이지만 한국에 대해서는 아무것도 모르는 나도, 이 책이 만약 한국 어린이들의 행복과 연결된다면 얼마나 기쁠까 생각하여 사계절 출판사의 출판 요구와 이 교수의 제의를 흔쾌히 승낙하였습니다.

지금 일본에는 등교 거부와 이지메(한 아이를 소외시켜 집단적으로 괴롭히는 것), 비행 등의 문제를 일으키는 정서가 불안정한 아이들이 상당히 많습니다. 그 이유는 아이들이 사랑과 이해에 굶주려 있기 때문입니다. 나는 그들을 어떻게 해서라도 구제하고 싶은 마음에 미력하나마 힘을 기울여 왔습니다.

아이들의 입으로는 말할 수 없는, 마음 속 깊은 곳에 있는 괴로움과 진짜 원인을 어떤 식으로 파악하면 좋을까, 이것이 제 고민의 핵심이라고 생각합니다. 아이들의 무의식 세계가 잘 표현되어 있고, 어른이 보기에도 이해하기 쉬운 그림이야말로 아이들의 심층 심리를 알아내는 가장 효과적인 도구라고 생각합니다.

나는 교직의 길을 걸으면서 45년 동안 그림을 통해 아이들의 마음을 살폈습니다. 어느 그림이든지 그 그림을 그린 아이들의 상태를 드러내 보여 주었지요. 말하자면, 이 책은 괴로워하는 아이들의 소리 없는 아우성으로부터 탄생한 보물입니다.

기쁠 때나 슬플 때나 아이들의 마음은 얼굴과 행동에 그대로 나타납니다. 그림도 마찬가지입니다. 나라가 달라도 이 사실은 그대로 적용되리라 생각합니다. 이 책의 출판을 계기로 한국의 어린이들과도 그림을 통해 서로 간에 이해를 돈독히 하여, 마음과 마음을 따뜻하게 묶을 수 있다면 무엇보다도 기쁘겠습니다. 또한 저의 졸저를 읽은 한국의 부모들과 그 밖의 여러분들로부터 의견과 감상을 들을 수 있다면 영광이겠습니다.

마지막으로, 이 책의 출판을 위해 각별히 신경을 써주신 사계절출판사와 이연숙 교수에게 깊이 감사를 드립니다.

나카니시 요시오

차 례

아이들이 보내는 SOS

"댁의 아이가 그린 그림을 본 적이 있으세요?"

— "네, 물론이죠."

— "아니, 본 적이 없어요."

— "우리 애는 그림을 싫어해서……."

아이들이 그린 그림을 통해 아이들 마음의 상태를 알고, 본격적으로 치료와 상담에 착수한 지 벌써 10여 년이 되었습니다.

그 동안의 상담 건수는 1250여 건. 이 가운데 N시 교육센터에 근무한 약 4년 동안의 건수는 510여 건으로, 종류별로 보면 지능 검사가 32%, 정서 장애가 61%, 그 밖의 경우가 7%입니다.

1985년에 문을 연 주니치 교육상담소에서 약 7년 동안 해 온 상담은 830여 건인데, 이 가운데 각 시·군·구 교육위원회의 의뢰로 상담한 약 270건은 주로 유아기 가정 교육 상담 사업에 따른 것입니다. 다른 300건은 A사 사회교육센터의 위촉으로 '가정교육 종합상담실'에서 다룬 것이고, 나머지 265건이 저희 상담소에서 직접 신청받은 일반 교육 상담입니다.

이 265건을 내용에 따라 나누어 보면 다음 표와 같습니다.

등교 거부가 가장 많고, 그 다음으로 야뇨증, 손톱 물어뜯기, 난폭한 행동이나 학대 순인데, 전체적으로 보면 정서 불안에 따른 문제가 가장 많은 것을 알 수 있습니다.

어느 사례든 하나하나 자세히 살펴보면, 모두 침착하지 못하거나 정서가 불안정한 아이들의 경우입니다. 이것은 N시 교육센터 건이든 시·군·구 교육위원회 의뢰 상담 건이든 거의 마찬가지입니다. 정서 불안이야말로 현대 아이들에게 공통된 중요한 문제점이라 할 수 있습니다.

사례마다 세세한 것은 천차만별이겠지만, 안정감 결여와 원만하지 못한 사회적 대인 관계 등 인간이라면 갖춰야 할 기본 사항이 빠져 있는 점이 문제로서, 그 가운데에서도 애정 결핍은 가장 심각한 문제입니다.

현대 사회는 물질적으로는 풍요롭지만, 애정이 결핍되어 있습

[표 1]

분류	횟수	%
등교 거부	88	33
야뇨증	42	16
손톱 물어뜯기	21	8
거친 행동 · 이지메	19	7
불안 · 초조	13	5
차멀미	12	5
의욕 상실	11	4
언어 장애	9	3
식사	9	3
도벽	8	3
함묵(緘默)	5	2
탈모증	5	2
자해	3	1
기타	20	8
합 계	265	100

니다. 이 사실은 앞으로 각 장에서 다룰 사례를 통해 분명하게 이해할 수 있으리라 생각합니다.

특히, 유유아기(乳幼兒期) 때 가정에서의 육아와 가정 교육 문제가 이후 아이의 성장에 얼마나 중대한 영향을 끼치는가를 알 수 있을 것입니다.

1부 사랑에 굶주린 아이들

1장

그림은 마음의 엑스레이

아이들은 그림을 아주 좋아합니다.

아이에게 종이랑 그림 도구를 주면 생각나는 대로 무엇인가 그립니다. 만약 그림 그리기를 싫어하는 아이가 있다면, 열에 아홉은 과거에 그림을 그리는 데 심한 방해나 규제를 받았거나, 그림 그리는 데 열등감을 가지고 있기 때문일 것입니다. 아니면 정신적·신체적 장애가 있는 경우일 것입니다.

잘 그리고 못 그리는 차이는 있어도, 아이들은 놀이의 하나로 그림을 즐겨 그립니다. 아이들은 낙서를 하다가 동그라미를 그리고, 사람을 그리다가 차차 동물이나 집 같은 주위의 사물을 그리게 됩니다.

여기서 말하고 싶은 것은 그와 같은 그림의 발달 과정이 아니라, 아이가 그리는 그림에는 그 아이의 잠재된 마음이 무의식 중에 투영된다는 사실입니다. 아이의 본래 마음이 자연스럽게 그림으로 나타나는 것입니다.

유아는 유아대로, 아동은 아동대로 마음의 상태가 그림에 나타납니다. 정작 본인은 못 느끼겠지만 사람이나 나무, 집과 같은 소재를 매개로 하여 자신의 성격이나 고민 등을 그대로 그림에 옮깁니다. 마치 우리가 슬플 때에는 어깨를 축 늘어뜨리고 기쁠 때에는 어깨를 활짝 펴듯이, 그때 그때의 마음이 인물화에 그대로 반영되어 나타납니다. 그것은 바로 아이들의 소리나지 않는 울음소리이며, 보이지 않는 마음의 모습이자 도움을 바라는 신호(sign)인 것입니다.

이 신호를 올바로 받아들이고 진단해 냄으로써 비로소 아이들의 고민 해결, 즉 지도와 치료가 가능합니다.

보통, 아이가 좋지 않은 행동을 하면 즉시 그 나쁜 점을 꾸짖지만, 아이의 행동은 좀처럼 고쳐지지 않는 경우가 많습니다. 그것은 우리가 눈에 비친 행동(표현형)만을 보고, 진짜 원인인 보이지 않는 잠재 원인(원형)을 살피지 못했기 때문입니다. 효과적인 지도는 그림에 숨겨진 아이의 진짜 마음을 이해할 때 비로소 가능합니다.

아이들은 도움을 바라는 신호를 계속 보내고 있지만, 우리 어른들은 그 신호를 알아차리지 못하고 있습니다. 지금이야말로 사랑과 이해가 필요한 때입니다.

아이들은 어떤 신호로 무엇을 호소하고 있을까요?

그것을 알아보기 위해 우선 아이에게 어떤 그림을 그리게 해야 할지,

그 방법과 구체적인 예를 들어 보겠습니다.

(1) 그림을 그리게 하는 방법

❶ 인물화

"사람을 한 명 그려 보세요. 얼굴뿐만 아니라 몸 전체를 그리세요. TV 만화를 그리거나 다른 사람을 흉내내면 안 됩니다"라고 지시하고, 남녀 각 한 명씩을 따로따로 종이에 그리게 합니다. 사정이 여의치 않으면 아이와 같은 성(性) 한쪽만이라도 그리게 합니다.

❷ 수목화

"열매가 열리는 나무를 한 그루 그려 보세요. 실물이나 남의 것을 흉내내지 마세요"라고 지시하고, "열매도 그리나요?"와 같은 질문에는 "마음대로 하세요"라고 대답합니다.

❸ 가족화

"집안 식구들이 각자 무엇을 하고 있는지 그 모습을 그려 보세요"라고 지시합니다.

❹ 기타

종이 크기는 B5(176×250) 크기, 연필은 되도록 짙은 것(2B나 3B),
지우개는 자유롭게 쓸 수 있게 하고, 시간 제한은 두지 않습니다. 아이에
게는 절대 불안감을 주지 않도록 주의하고, 실시 중 특별히 눈에 띄는 것
은 기록해 둡니다.

(2) 그림 보는 법과 그림에서 핵심 찾기

❶ 인물화

• 그림을 막 봤을 때 좀 이상하다 싶은 곳을 우선 살핍니다.

• 지나치게 검게 칠했거나 강조하여 그린 부분에는 그와 관련된 문제
가 숨겨져 있습니다.

• 여러 차례 지웠거나 고친 부분은 그와 관련된 고민거리가 있습니다.

• 굵고 진한 선뿐만 아니라 흐리고 가는 선에도 관련된 문제가 숨겨져
있습니다.

• 어깨의 위치, 발을 벌린 상태 등을 보면, 대인 관계와 안정감의 유무
를 알 수 있습니다.

• 크기가 적당한지 봅니다. 지나치게 크면 자아의 확대, 지나치게 작으
면 자아의 축소를 나타냅니다.

• 그림을 종이의 어느 위치에 그렸는지 봅니다. 가운데, 위, 아래, 왼쪽으로 치우쳤는지 오른쪽으로 기울었는지, 네 구석 어느 쪽에 그렸는지를 살핍니다. 왼쪽은 내향성, 오른쪽은 외향성을 나타냅니다.

• 신체의 자세를 봅니다. 똑바로 서 있는지, 삐딱한지 등을 살핍니다.

• 시점을 봅니다. 정면인지, 옆면인지, 뒷면인지 우선 이들 특징을 파악하고 나서 차례차례 자세한 내용을 살피는 것이 좋겠습니다. 관찰을 빈틈없이 하려면 머리 부위에서 시작하여 아래쪽의 순서로 살핍니다.

이제 〈그림 1〉을 보면서 인물화 보는 법을 알아보겠습니다.

난폭한 아이

초등학교 6학년 남자

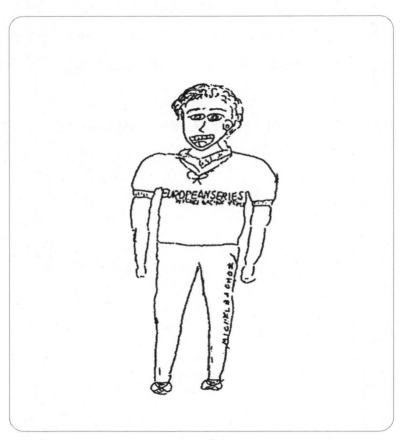

〈그림 1〉

앞 그림을 보고 직관적으로 이상하다고 느껴지는 곳은 어디입니까? 자연스럽지 못한 부분부터 찾아봅시다.

- 작은 발—전체적으로 보아 작은 발이 금세 눈에 띕니다. 이것은 의존성이나 동작의 제한을 나타내며, 안정감이 결여되었음을 말해 줍니다. 상세하게 그린 신발은 강박 관념을 나타냅니다.

- 꼭 움켜쥔 손—신체의 다른 부분은 자세히 그린 데 비해 손은 움켜쥔 모습만을 그렸습니다. 움켜쥔 주먹은 원만하지 못한 대인 관계를 나타냅니다. 손가락을 그리지 않은 것은 난폭한 행동과 관계가 있습니다.

다음은 특별히 강조된 점입니다.

- 입이 상세하게 그려져 있습니다. 혀는 성적인 의미를 갖는데, 그림을 그린 아이의 야뇨증을 암시해 줍니다. 또한, 치아는 공격성을 나타냅니다.

- 강조된 가슴 부위는 어머니의 이미지를 담고 있습니다. 이 아이는 유아기에 모유를 먹지 못했다는 사실을 알 수 있습니다.

- 넓은 어깨는 강한 것과 힘에 대한 욕구를 말해 줍니다.

다음으로 선이 끊어지는 점이 눈에 띕니다.

- 선의 끊김—통제 불가능한 충동의 유출을 나타냅니다.

그 밖에 크기, 그림의 위치, 시점 등에는 특별한 문제가 없습니다.

❷ 수목화

• 지면의 어느 곳에 그렸는지, 그 위치가 한쪽으로 치우쳤는지 여부.

• 크기는 적당한지, 지나치게 크거나 작지 않은지.

• 지면(地面)을 그렸는지 여부. 종이 아랫면부터 그렸는지, 종이 중간

면에 지면에서 뜨게 그렸는지 여부.

• 나무 줄기의 길이와 줄기 윗부분 수관 크기와의 균형 상태.

• 줄기와 가지에 불거진 곳은 없는지.

• 연필로 검게 칠한 부분은 없는지.

• 줄기와 가지에 상처나 잘린 부분은 없는지.

• 윤곽선의 상태—진한지, 흐린지, 잘려 있는지.

• 뿌리를 그렸는지.

• 열매와 잎은 어떻게 그렸는지.

• 가지가 나 있는 상태는 어떠한지.

다음에 나오는 〈그림 2〉를 보면서 수목화 보는 법을 알아보겠습니다.

사례 2

마음의 상처가 있는 아이

초등학교 6학년 남자

3년 4개월 때 받은
마음의 상처

〈그림 2〉

앞의 그림을 보고 가장 먼저 눈에 띄는 점은 무엇인가요? 큰 수관, 떨어지는 열매, 줄기의 상처 따위입니다.

- 큰 수관(울창한 가지)은 자신감이나 자아에 대한 집착을 나타냅니다. 줄기를 중심으로 수관의 좌우를 비교해 보면 오른쪽을 크게 강조하고 있어, 불안한 심리와 억제된 상태를 알 수 있습니다.
- 떨어지는 열매는 상실감이나 체념, 집중력 결여 등의 감수성을 나타냅니다.
- 줄기 왼쪽의 상처(돌기)는 아이의 마음의 상처로 보입니다. 비트겐슈타인 지수로 따져 계산해 보면, 아이는 3년 4개월 때 심리적 충격을 받았음을 알 수 있습니다. 이혼한 어머니에게 새로운 남자가 생겼고, 아이는 그것을 아주 싫어한 것입니다.

좀 더 자세히 살펴보면 다음의 사실을 알 수 있습니다.

- 줄기 왼쪽에 비해 오른쪽 선이 불규칙합니다. 이것은 적응의 어려움과 갈등을 나타냅니다.
- 나무 윗부분에 있는 열매의 경우, 열매 그 자체는 능력을 나타낸다고 할 수 있으나, 열두 살짜리 아이라는 것을 감안하면 오히려 퇴행 현상이라고 볼 수 있겠습니다.
- 이 밖에 줄기 껍질에 그린 선은 섬세함을 나타냅니다. 지면의 선도 군데군데 잘려 있습니다.

<u>〈그림1〉과 〈그림2〉를 그린 아동의 증상</u> 두 그림은 한 초등학교 6학년 남학생의 그림입니다. 이 아이는 학교에서는 친구들에게 난폭한 행동을 하고, 학원에 가면 약한 아이를 괴롭히거나 떠들어서 남에게 피해를 주므로 친구가 없습니다. 또, 집에서는 물건을 숨기거나 부수거나 해서 항상 야단만 맞습니다.

아이가 아직 엄마 뱃속에 있을 때 부모가 이혼했습니다. 아이는 생후 10개월째부터 6년간 놀이방에 다녔으나 안정을 찾지 못했고, 말도 세 살 무렵까지 '아—아—' 소리밖에 내지 못했습니다. 네 살이 되기 전해에 이복 형과 놀다가 형이 의자 위에서 '응차' 하고 뛰어내리자, 아이도 흉내내어 '응차' 하고 소리를 내면서부터 말을 하기 시작했다고 합니다. 그러나 여섯 살 무렵까지 대소변을 가리지 못했고, 초등학교 2학년 때까지도 자주 똥오줌으로 속옷을 버렸다고 합니다.

초등학교 2학년까지는 엄마와 같이 살았으나, 엄마는 종교에 심취하여 아이를 거의 돌보지 않았습니다. 따라서 아이는 사랑에 굶주렸고, 문제성 행동이 많았으며, 학교 성적도 좋지 않았습니다.

3학년 때 두 살 위인 누이와 함께 삼촌 집에 맡겨졌습니다. 3·4학년 때에는 학업 성적은 좋았으나, 행동은 폭력적이었습니다.

5학년에 올라가면서 학업 의욕을 상실하여 성적은 중간으로 떨어졌습니다.

6학년이 되고부터 이상한 행동을 많이 해, 한밤중에 일어나 누이의 옷을 찢고 날뛸 때도 있었습니다. 이 때문에 6월 무렵 지방 병원에서 매달 두 번씩 통원 치료를 받았지만, 상태는 별다르게 좋아지지 않았습니다. 삼촌은 벌을 주기 위해 아이의 손을 묶어 매달기도 했습니다. 그 때문에 얼마 동안 양손의 손가락이 휘기도 했고, 그림을 그릴 때에도 연필을 정상적으로 쥐지 못했습니다.

6학년 9월, 아이는 숙모와 함께 상담소를 찾았습니다. 신체적인 면에서는 머리 둘레가 조금 길고, 손·발·눈의 경우 왼쪽과 오른쪽 중 어느 쪽을 주로 사용하는지 구분이 잘 안 돼 교차성을 보이는 것 이외에 특별히 이상한 곳은 없었습니다.

이러한 점들로 미루어, 아이의 부적응 행동의 원형은 특히 유유아기의 결함에 있다고 생각됩니다. 아이의 행동을 보호자 또는 담임 선생님이 주의하거나 꾸짖는 것만으로는 결코 근본적인 해결이 되지 않으리라 생각합니다.

본격적으로 지도에 착수하려 했습니다만, 어머니는 물론 현재의 보호자도 바쁘다는 핑계로 상담은 한 번으로 끝나 그 뒤의 상황은 잘 모릅니다. 이 사례는 부모가 자신들의 책임을 다하지 못한 데서 생겨났다고 해도 지나치지 않습니다. 이와 같은 아이에게 앞으로 우리는 어떤 도움을 주어야 할까요? 사랑받지 못하며 자란 이 아이는 바로 지금 이 순간에도 사랑을 간절히 바라고 있습니다.

❸ 가족화

• 가족을 구분지을 때, 선 이외에 의자, 책상, 냉장고 따위를 그려 나누는 경우도 있습니다.

• 권위 있는 인물은 종이 위쪽에 그리거나 크게 그려집니다. 그려진 가족의 위치나 방향은 가족의 역학 관계를 나타냅니다.

• 인물은 '인물화를 보는 법'을 충분히 이해하고 나서 가족 간의 관계를 고려해야 합니다.

• 가족화에는 다리미, 청소기 등 갖가지 기구가 그려집니다. 이것들이 무엇을 의미하는지 그 상징을 이해하는 것이 중요하지만, 해석에는 특별히 신중을 기해야 합니다.

가족화는 "자신을 포함하여 집안 식구들이 각자 무엇을 하고 있는지 그 모습을 그려 보세요" 하고 그릴 내용을 말한 다음, 그리게 합니다.

따라서 가족화는 그림을 그리는 그 자신이 가족 안에서 어떤 위치를 차지하고 있는지, 또 가족 간의 역학 관계는 어떤지를 잘 말해 줍니다. 화면에 표현된 갖가지 사물을 통해서 그 사물의 상징 및 아이의 잠재 의식을 알 수 있습니다.

그럼 다음에 나오는 그림을 예로 삼아 가족화 보는 법을 알아보겠습니다.

건망증이 심한 아이

초등학교 3학년 남자

〈그림 3〉

• 우선 가장 먼저 눈에 띄는 것은 가족들이 구분되어 있는 모습입니다. 가족 가운데 한 사람이 선에 의해 구분되어 있습니다. 이를 두고 철학자 번스는 "가족 구성원이 공유하고 있는 감정을 지워 버리려는, 사회적으로 고립된 사람들에게 전형적으로 나타나는 형태"라고 했습니다. 애정의 단절이라 할 수 있겠습니다.

• 두 번째는 가족 중에 누가 빠져 있는가 하는 점입니다. 여기서는 남동생이 빠져 있습니다. 가족은 부모와 동생을 합해 네 명이고, 처음부터 "네 명 전부를 그려 주세요" 하고 다짐해 두었는데도 남동생을 빠뜨렸습니다. 이것은 매우 중요한 사실입니다. 동생을 거부하고 싶은 평상시의 무의식적인 마음이 작용한 것이라 생각됩니다.

• 세 번째로는 그려진 인물의 머리 부위가 편평한 점입니다. 일반적으로 두려움을 느끼는 아이나 강한 억압 의식을 가진 아이들에게서 많이 볼 수 있는 현상입니다.

__증상__ 초등학교 3학년인 이 아이는 지능은 정상인데도 물건을 자주 잃어버렸습니다. 이 사실은 학교에서도 유명했습니다. 매일 준비물이나 숙제 가운데 한 가지 이상은 반드시 잊어버릴 정도여서 부모도 담임도 난처해했습니다.

"가족들이 각자 일하고 있는 모습을 이 종이에 그려 보렴" 하고 그리게 한 것이 〈그림 3〉입니다. 아이가 동생을 빼고 그린 데서 평상시의 욕구 불만을 뚜렷이 볼 수 있습니다.

자기는 매일 혼나는데, 동생은 언제나 칭찬만 받는 것을 경험하면서 '동생이 없다면 내가 더 사랑받을 수 있으련만……' 하는 생각이 끊임없이 마음 속에 간직되어 있었으리라 여겨집니다.

부모에게 물어 보니, 역시 동생을 괴롭히는 경우가 많다고 합니다. 애정과 인정을 받고자 하는 것은 인간의 기본적인 욕구입니다. 그것을 동생에게 빼앗겨서 아이는 정서가 불안해진 것입니다.

부모에게 이 점을 말해 주고, 형제 모두에게 각자의 장점을 칭찬해 주라고 권했습니다. 그리고 일곱 번 정도 최면 치료법을 실시한 결과, 약 2개월이 지나 그 아이는 건망증이 빠른 속도로 없어졌고, 공부도 의욕적으로 하게 되었습니다.

건망증은 누구나 경험하는 것으로서, 반드시 지능이 낮기 때문이 아니고, 일반적으로 정서가 불안정할 때 잘 나타납니다. 잊어버린 데 대한 벌로 학교에서는 흔히 세워 두거나 청소 당번을 시킵니다만, 결코 적절한 방법은 아닙니다. 체벌은 가장 좋지 않은 방법입니다.

올바른 지도를 위해서는 문제 행동의 참된 원인(원형)을 파악하는 것이 중요합니다. 자칫 눈에 띄는 행동(표현형)에만 주의를 기울이기 쉬운데, 현재 가정이나 학교 교육에서 가장 필요한 것은 사랑과 올바른 이해가 아닐는지요. 이것이야말로 부모와 교사가 아이를 지도하면서 '잊어버린 것'이 아닐까 생각합니다.

2장

자궁으로 돌아가고 싶어하는 아이들

문제아 교육 상담을 하면서 가장 절실하게 느낀 점은 아이들의 강한 모자 분리 불안감이었습니다.

특히 인물화에 나타나는 자궁 회귀 소망이야말로 현대 아이들이 가지고 있는 채워지지 않는 소망이요, 기본 문제라 생각됩니다.

태아기란?

수정되어 6주일 가량 지나면 태아는 인간다워지고, 8주째가 되면 상당히 인간다운 태아로 성장합니다. 인간의 임신 기간은 266.5일로서, 태내에 있는 기간을 태내 태아기라 부릅니다만, 몬태규(미국의 인류학자)

는 출산 후에도 이와 같은 날짜만큼을 아이는 자궁외 태아기로 지낸다고 했습니다.

갓난아기는 태어나자마자 바로 설 수가 없습니다. 이렇게 미성숙 상태로 태어나는 것은 머리 크기와 산도(産道) 관계 때문에 어쩔 수 없는 것으로 여겨지고 있습니다. 태내 태아기와 태외 태아기의 기간은 똑같지만, [표 2]에서 보는 바와 같이 각각 다른 특징을 지니며, 모두 태아기로서 매우 중요한 의의를 가지고 있습니다.

태아의 입장에서 보면, 태내 태아기는 안전하고 견고한 성(城) 안 생활, 태외 태아기는 위험한 성 밖 생활이라 할 수 있겠습니다.

몬태규는 "자궁에서의 생활은 가장 쾌적한 경험이며, 축복받은 상태

[표 2]

	태 내 태 아 기	태 외 태 아 기
1 기간	266.5일	266.5일
2 환경	양수 내	공기 중
3 호흡	태반	폐
4 체온	스스로도 유지하나, 주로 자동 유지	스스로 조절
5 영양	태반으로부터	유방을 통해
6 면역	모체로부터 직접	모유로부터
7 순환계	태아 순환	신생아 순환 → 성인 순환
8 의존도	완전한 의존 생활	반독립 생활
9 장소	자궁	어머니 가슴(제2의 자궁)

이다. 열반의 경지이며, 가장 행복한 상태이다"라고 했습니다. 틀림없이 그럴 것입니다.

따라서 태내에서 나올 때의 갑작스러운 환경 변화와 고통, 그리고 나왔을 때의 불안·두려움·놀라움 등으로 울음을 터뜨리는 것은 당연합니다.

태아의 첫 울음은 그 고통으로부터 벗어나 평안한 원래의 안식처인 어머니 태내로 돌아가고파 하는 마음의 표현이며, 익숙한 어머니의 목소리를 찾아 울부짖는 '자궁 회귀 소망'의 소리가 아닐까요? 출산시의 충격은 인간이라면 누구나 체험하는, 인생을 시작하는 첫 관문이지만, 태외 태아기는 마음이 생기는 시기로서 그 무엇보다도 중요한 기간입니다.

모자 상호 작용에 의해 시각·청각·촉각·운동 감각 등의 모든 것이 통합되고 인간으로서의 기초가 이루어져 가는 시기가 이때로서, 일생동안 이만큼 중요한 시기는 없을 것입니다.

자궁 회귀 소망이란?

아이들은 이런저런 곤란한 점에 부딪치거나 욕구 불만이 있을 때, 흔히 퇴행 현상을 일으킵니다. 예를 들어 남동생이나 여동생이 태어나면 지금까지 대소변을 잘 가리던 아이가 갑자기 실수를 하거나, 이제까지 혼자서 잘 하던 것을 "나 못 해, 엄마가 해 줘" 하며 부모에게 기대거나 합니다. 동생에게 사랑을 빼앗겼다고 느끼는 것입니다.

자궁 회귀 소망은 이러한 퇴행 현상 중에서도 가장 기본적이고 결과적인 것이라고 할 수 있습니다. 강한 욕구가 저지되어 안정감을 잃었을 때, 가장 안전하고 안락한 자궁 속으로 돌아가고 싶어하는 것입니다.

자궁 회귀 소망의 표현(투영)

그러면 자궁 회귀 소망은 어떤 모습으로 표현될까요? 편의상 인물화로의 투영과 그 밖의 행동 면으로의 투영으로 나누어 생각해 보겠습니다.

(1) 행동 면으로의 투영

❶ 어머니 가슴에 안김

야마우치 이치로(전 일본 국립 오카야마 병원장) 씨는 "유방은 제2의 태반"이라고 했는데, 바로 그 유방이 있는 엄마의 가슴이야말로 태외 태아에게는 제2의 자궁입니다.

엄마의 가슴은 어린아이에게는 자궁에 이어 가장 안전하고 안락한 장소입니다. 엄마의 가슴은 이미 태어난 아이에게는 최고의 휴식처일 것입니다. 엄마에게 안겨 모유를 먹을 때의 기쁨은 비유할 수 없는 행복의 극치일 것입니다.

유아는 졸릴 때나 지쳤을 때는 물론, 무서울 때, 불안할 때에도 어머니 품에 안기면 안정을 찾습니다. 어른이 되어서도 기쁠 때나 슬플 때 감격하여 포옹하는 모습은 누구나 보고 경험하는 사실입니다. '가슴에 매달리다', '가슴에 뛰어들다' 라는 말도 가슴이 '안심되는 장소'로 여겨지기 때문에 생긴 것입니다.

이와 같이 태외 태아기 때 어머니의 가슴은 기본적 요구를 해결해 주는 매우 중요한 장소입니다. 감히 제 2의 자궁이라 부르는 것도 바로 이 때문입니다.

따라서 유유아기에 욕구 불만인 채로 자라난 아이들은 물론, 소년기 · 청년기 이후의 청소년들도 엄마의 가슴에 매달려 자궁으로 돌아가고 싶은 소망을 나타냅니다.

나중에 구체적 사례를 통해 이야기하겠습니다만, 등교를 거부하는 아이들 중에도 "안아 줘, 같이 자요" 하고 외치는 아이가 있습니다.

❷ 배꼽 만지기

태아가 태내에 있는 동안은 혈액의 흐름과 가스 교환, 열 교환 등의 모든 작업을 태반이 맡아 합니다. 태반은 18주가 되면 태아의 간장 · 신장·폐가 하는 일을 겸하게 된다고 합니다.

배꼽은 생명을 좌우하는 곳이었습니다. 태내에서 나온 뒤에도 아이는 이곳이 가장 중요한 장소였다는 사실, 엄마의 자궁 속 태반과 직접 연결되어 있었던 곳이라는 사실을 무의식 중에 이해하고 있습니다.

아이가 불안해할 때 자신의 배꼽을 만지는 것은, 곧 태아일 때 자신을 지탱해 준 엄마를 찾아 의지하려는 표현입니다. 엄마의 대용으로서 배꼽에 매달리는 것입니다.

❸ 말

대부분의 아이들은 흔히 "안아 줘"라든가, "업어 줘" 하고 말합니다. 그런데 "뱃속에 들어가고 싶어"라고 말하는 아이도 있습니다.

그야말로 직설적인 자궁 회귀 소망의 외침입니다. 어떤 다섯 살짜리 아이는 "엄마 뱃속에 들어가고 싶어" 하며, 동그라미 안에 사람을 그리기도 했습니다.

❹ 꿈

우리는 날마다 꿈을 네 번 또는 다섯 번씩 꾼다고 합니다. 복잡하고 불가사의한 꿈도 꾸지만, 뚜렷하게 인식할 수 있는 꿈도 꿉니다. 그러나 줄거리는 간명하지만 해석이 어려운 경우도 있으므로, 경솔하게 분석과 해석을 내릴 수는 없습니다.

하지만 무의식의 세계를 이해하는 것은 임상적으로 대단히 중요하며, 객관적인 이해력을 갖추기 위한 학습이 필요하다고 생각합니다.

오토 랑크(정신분석학자)는 "꿈은 수면 행위 그 자체 이상으로, 자궁으로의 심리적인 회귀를 나타낸다"고 했습니다.

(2) 인물화로의 투영

인물화에는 자궁 회귀 소망이 어떤 식으로 표현될까요?

고먼(미국의 심리의학자)은 "인물상의 주위를 자궁 모양의 테두리로 에워싸는 것은 심한 퇴행이나 자궁 회귀 소망을 나타낸다"고 했습니다. 야마다 요코(일본 아이치슈쿠도쿠 대학 교수) 씨는 여대생들에게 어렸을 때의 자신과 어머니와의 관계를 이미지로 나타내 그림을 그려 보도록 했는데, 그 중에는 어머니에게 둘러싸인 스스로의 모습을 그린 그림이 많았습니다.

어머니 '母'라는 문자는 그 기원을 조사해 보면 다음의 〈그림 4〉와 같이 여자가 아이를 안고 있는 모습이며, 양 점은 양손으로 아이를 안은 모습 또는 유방을 나타낸다고 합니다. 아이들로서는 가장 행복한 모습이고, 안전하게 감싸인 장소입니다.

위와 같은 점을 토대로 하여 인물화에는 다음 형태로 자궁 회귀 소망이 나타납니다.

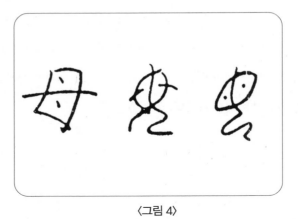

〈그림 4〉

❶ 원으로 둘러쌈

'포위된 인간'은 아이들이 무의식 중에 기대하는 행복한 장소로서
'엄마의 가슴'이며, '자궁 안'을 의미하는 것으로 여겨집니다. 이것은
'보호받는 상태'라고 할 수 있겠습니다.

❷ 인물화의 윤곽 강조

매코버(미국의 심리학자)는 "신체의 윤곽선은 신체와 환경 사이의 벽
을 말하며, 흔히 그림 그린 사람의 상처·민감함·고독과 같은 감정의
정도를 표현한다"라고 했습니다. 확실히 방어적 도피 상태일 때, 윤곽은
굵어지며 또한 진하게 그려집니다. 등교 거부 정도가 심한 아이나, 자살
을 생각하고 있는 아이가 그린 윤곽은 선이 많고 굵으며 짙습니다. 마치
마음에 갑옷을 입힌 것과 같습니다.

이런 경우, 아이는 실제로 혼자 고립되기를 원해 도피하고, 타인을 거부하며, 그 누구도 절대로 받아들이지 않으려고 하는 상태가 아닐까요? 열등감이 강한 사람이 속으로는 강한 우월감을 바라는 것처럼, 이 아이도 실제로는 부탁과 도움을 바라고 있으리라 생각합니다.

인물화를 각 사례별로 살펴 나가면, 모두가 의지함으로써 안정감을 강하게 바란다는 사실을 알 수 있습니다. 따라서 윤곽의 강조는 거꾸로 생각하면 '자궁 회귀 소망'으로 연결되는 것입니다.

윤곽을 강조하는 경우에도, 윤곽을 두껍고 짙게 칠하는 경우와 윤곽을 이중으로 그리는 경우가 있습니다. 이들 사례에 대해서는 뒤에서 다루겠습니다.

❸ 허리띠의 버클 강조

앞서 배꼽만지기에서 말했듯이, 허리띠의 버클 강조도 그와 마찬가지 의미를 갖는 것으로 생각됩니다. 아이는 퇴행을 하면, 인물화의 복부 중앙 부분(정확히 배꼽의 위치)을 검게 칠해, 분리 불안 의식과 자궁 회귀 소망을 나타냅니다.

❹ 기타

단추가 갖는 심리적 의미는 엄마에 대한 의존성과 퇴행성을 나타냅니다. 또 주머니 그림도 정신적으로 유치한 사람이나 의존적인 사람의 인

물화에 강조되어 나타나는 예가 많은데, 이들은 태내로의 준회귀 소망
이라 할 수 있겠습니다.

2부 아이들이 보내는 신호

3 장

이지메하는 아이, 이지메당하는 아이(Ⅰ)

1986년부터 감소 경향을 보였던 이지메 문제가 1992년 들어 다시 증가 추세로 돌아섰다는 사실이 일본 문부성의 「학생 지도시 문제 현상」이라는 보고서를 통해 밝혀졌습니다.

이지메는 학교에서만의 문제가 아니고, 가정이나 사회에서도 흔히 생기는 문제입니다. 지금은 사회 문제 차원에서 정성이 깃들인 교육과 정신 교육, 그리고 도덕 교육에 대해 다시 생각할 필요가 있습니다.

그런데 정신 교육이나 도덕 교육이 중요한 것은 사실입니다만, 문제의 근원을 찾다 보면 그것이 교육만으로 간단하게 해결될 성질의 것은 아닌 듯싶습니다. 정신적으로 냉정한 상태가 되면, 누구나 이지메가 나쁘다는 것쯤은 알고 또 반성할 줄도 압니다. 그러나 원인이 근본적으로 해결되지 않는 한, 문제는 또다시 일어날 수 있습니다.

이지메의 내용도 개개인에 따라 원인과 조건이 다르므로, 아이들의 경우에는 특히 신중하게 대처해야 합니다. 다음은 아동의 유형에 따라 이지메의 항목을 살펴보겠습니다.

(1) 이지메하는 아이

❶ 열등감에 대한 보상 행동입니다. 무엇인가에 대해 열등감을 갖고 있습니다. 그 보상 행동으로 약한 아이를 괴롭힘으로써 자신의 욕구를 충족시킵니다.

❷ 남의 주의를 끌고 싶어하는 마음의 표현입니다. 자신을 지나치게 드러내기, 자기 중심적이고 의존적인 과민성 히스테리, 정신적(연령상) 퇴행 현상 등을 들 수 있습니다.

❸ 공격성이 가져다 주는 만족감을 얻기 위해서입니다.

(2) 이지메당하는 아이

❶ 신체적으로 열등한 경우, 즉 체력이 약하고, 달리기와 같은 동작 행위가 느리면 집단에서 종종 놀림의 대상이 되는 경우가 많습니다.

❷ 지능이 모자라는 경우에는 웃음거리나 조롱의 대상이 됩니다. 또, 종종 게으름뱅이로 오해받고 놀림거리가 되기 쉽습니다.

❸ 활동적인 성격이면서 다른 사람에게 손을 너무 자주 벌리는 등 남을 귀찮게 하는 유형과 반대로 지나치게 위축되어 우물쭈물하거나 울보인 유형처럼 성격에 문제가 있는 경우입니다.

(3) 스스로를 학대하는 아이

정서가 불안한 상태에서 스스로에게 상처를 입히는 경우로, 의학적으로는 자해증이라고 합니다. 할퀴고, 물어뜯고, 때리고, 머리카락을 쥐어뜯는 따위의 행동을 합니다. 심인성, 즉 정신적·심리적 원인에서 증세가 보이는 경우에는 쉽게 치료됩니다만, 뇌 장애나 정신병일 때에는 치료가 어렵습니다.

다음은 사례별 그림을 보면서 아이들이 보내는 마음의 신호와 증상과 경과 등을 살펴보겠습니다.

여동생 학대

다섯 살 남자

〈그림 5〉

마음의 신호 • **머리 부위의 강조** 머리가 아프거나 뇌파에 이상이 있을 수 있습니다. 발작성 경련 등과 관계될 수 있습니다.

• **혀와 검은 발** 야뇨증이나 성 문제가 있을 때 강조됩니다.

• **검게 칠한 코와 긴 목** 감기나 소아 전색(栓塞)에 걸렸을 때 강조됩니다.

• **큰 얼굴** 유아들의 특징으로, 이 그림의 경우는 정상입니다.

• **검은 팔과 손** 죄의식을 나타냅니다.

• **단추의 강조** 엄마에 대한 의존을 나타냅니다.

증상 아이의 가족은 부모와 누이동생(세 살), 남동생(한 살), 할머니를 포함해 모두 여섯 식구입니다. 이 아이는 흥분을 잘 하고, 화가 나면 손에 닿는 대로 물건을 집어던지고, 누이동생을 못살게 굴었습니다. 부모가 야단치면 칠수록 더욱 동생을 미워하게 된 것 같습니다.

아이의 지능은 정상이고 별다른 문제는 없지만, 평형 감각에 약간의 이상이 발견되었습니다. 손발은 모두 오른쪽을 썼는데, 눈은 왼눈잡이였습니다. 눈과 손발 양쪽을 섞어 쓰는 경우(이하 교차성), 성격상 이상이 나타나는 경우도 가끔 있지만, 지능이 보통 이상이면 그다지 염려할 필요는 없습니다. 이 아이의 경우, 지능에 문제는 없는 듯합니다.

아이의 행동과 심리 검사, 특히 인물화의 특징으로 보아, 아이가 쉽게 흥분하는 점에 주목하고 병원에서 뇌파 검사를 받아 보았습니다. 역시 이상이 있는 것으로 나타났고, 진단 결과 간질 판정이 나왔습니다.

흥분하여 물건을 집어던지거나, 뚜렷한 이유도 없이 누이동생을 괴롭히는 것은 바로 이 간질 발작 때문일지도 모릅니다. 그러나 이 아이의 경우, 동생은 귀여움을 받는데 자신은 언제나 야단만 맞는 데서 오는 애정 결핍과 인정받고자 하는 욕구가 충족되지 못한 데에도 큰 원인이 있으리라 봅니다.

경과 │ 아이의 간질 발작은 의사의 지시에 따라 약물 요법으로 금세 나았습니다만, 아이를 대하는 방식을 다음과 같이 하도록 당부했습니다.

• 아이의 장점을 찾아 칭찬해 줄 것. 아무리 작은 것일지라도 좋은 점은 인정하고 칭찬해 주어야 합니다. 칭찬해 줄 때에는 몸을 만지면서 칭찬해 줍니다.

• 동생을 너무 감싸지 않도록 주의할 것.

• 아이가 너무 지치지 않도록 주의할 것. 지치면 누구나 쉽게 화가 나는 법입니다.

이상의 점에 유의하면서 지도한 결과, 아이는 점차 정서적으로 안정되어 갔고, 남을 괴롭히는 버릇도 없어졌습니다.

사례 5

남동생 학대

초등학교 2학년 남자

〈그림 6〉

• 큰 머리 퇴행 현상을 나타내며, 고친 부분은 불안함을 나타냅니다.

• 콧구멍 공격성이 강한 경우입니다.

• 이 상대를 물어뜯으려는 듯한 적대감을 보여 줍니다.

• 옷의 선 가슴과 배 부위의 선은 마음의 갈등을 나타냅니다.

• 바지 가운데 단추 엄마에게 밀착, 의존하는 마음을 보여 줍니다.

• 서로 반대쪽을 향한 양 발 양면성 가치 감정을 나타냅니다.

• 눈의 수정 눈에 고민(가려움 · 시력 등)이 있음을 보여 줍니다.

증상 │ 초등학교 3학년 형과 세 살짜리 동생이 있는 둘째 아이입니다. 동생을 이유 없이 때리고, 옆에만 있으면 늘 못 살게 굴었습니다. 한 달 전쯤에는 밤중에 갑자기 일어나서는 이상한 소리를 지르면서 방안을 5분쯤 뛰어다닌 적이 있습니다.

학교에서는 비교적 침착했고, 발표력은 그다지 없지만 성적은 보통이었습니다. 그런데 집에만 오면 밖으로 잘 나가지 않는다고 합니다.

이 아이가 그린 수목화(〈그림 7〉)를 살펴봅시다.

마음의 신호 │ **• 쌓아 올린 듯한 각진 가지** 퇴행을 나타냅니다.

• 잘려 나간 가지 끝 감정의 축적과 억제를 보여 줍니다.

〈그림 7〉

• **오른쪽 가지의 강조** 왜소한 자아와 불안함을 나타냅니다.

• **쭉 뻗어 있고 평행을 이룬 줄기** 적응성이 결여되어 있다는 것을 보여줍니다.

• **넓은 밑동** 금지에 의해 억제된 상태와 발달의 지체를 나타냅니다.

경과 동생을 괴롭히는 아이는 부모의 사랑을 빼앗긴 데 대한 질투심으로 동생을 괴롭히는 경우가 많습니다.

이 아이의 경우는 그러한 심리적 문제 외에 야경증(야간 취침중에 깜짝 놀라 깨는 증상) 징후도 보입니다. 머리 둘레가 크고 손발의 교차성도 보이므로 미세 뇌장애가 있는지도 살펴볼 필요가 있습니다. 심리 치료를 열 번 정도 했습니다만, 조금 나아질 만한 시점에서 중단되어 그 후의 상태는 알지 못합니다.

과보호

초등학교 2학년 남자

〈그림 8〉

• **양 팔다리의 이중 동그라미** 관절을 강조한 것으로 엄마
에 대한 의존을 나타내며, '도와주세요' 하는 신호입니다.

• **양 발의 방향** 좌우 반대 방향으로 그린 것은, 양면성 가치 감정(상반된
견해의 공존)을 나타냅니다.

• **고르지 못한 양 다리** 불안감을 표현한 것으로, 독립된 안정을 바라고
있습니다.

• **양 다리를 벌린 각도** 각도가 50도나 되어 불안한 꼴을 보입니다. 10도
안팎이면 안정된 모양입니다.

• **어깨** 힘과 강함을 의미하는 어깨가 없는 것은 열등감을 나타냅니다.

• **손가락** 짧은 손가락은 소극성을 의미하며, 대인 관계가 좋지 못함을
나타냅니다.

증상 │ 이 아이는 의지가 약하고, 사소한 일에도 울음을 터뜨리기 일쑤
여서 친구들한테 '겁쟁이' 라고 놀림받고 있었습니다.

부모와 여동생(5세) 한 명으로 4인 가족입니다. 아버지의 경우, 아이
를 너무 과보호하면서 키웠다고 반성하고 있었습니다.

아이는 신체적으로는 달리 문제될 것이 없었습니다만, 신경질적이고
별것 아닌 것에도 마음을 두고 걱정하는 성격이어서 혼자 노는 경우가
많았던 것 같습니다. 아이가 놀림받는 중요한 원인 중 하나는 유아기의
과보호라고 생각됩니다만, 인물화에 나타나 있듯이 여기에는 성격상의

문제가 깊이 얽혀 있는 것으로 여겨집니다.

경과 아이의 성격을 부모와 아이 모두에게 이해시키고, 우선 아이의 장점을 찾아내 칭찬해 주어 "나는 뭐든지 할 수 있다"는 자신감을 심어 주도록 조언했습니다. 그리고 불안감을 없애기 위해 심리요법(최면법)을 실시했습니다.

7월 말 첫 번째 면접을 했는데, 여름 방학 끝날 무렵에는 친구들과 재미있게 놀게 되었다고 합니다. 두 번째는 9월 초에 했고, 수업 첫날인 9월 1일에는 '잊은 것은 없는지, 친구들이 놀리지는 않을지……' 걱정하며 등교했는데, 아무 일도 없었던 듯합니다.

세 번째 면접은 10월 초순에 했습니다. 전보다 밝아졌고, 친구들과 노는 횟수도 많아졌으며, 선생님에게 자기 의견을 말할 수 있게 되었다는 보고를 받았습니다.

이지메 문제는 학급과 집단 내에 여러 가지 복잡한 인간 관계와 역학 관계가 있는 데다 교사의 눈이 닿지 않는 곳에서 이루어지므로 사실을 파악하기가 매우 어렵습니다. 또, 이지메하는 쪽과 이지메당하는 쪽 모두 안정감이 결여된 경우가 대부분입니다. 애정과 열의를 갖고 해결해 나가야 한다고 생각합니다.

겁쟁이

초등학교 5학년 남자

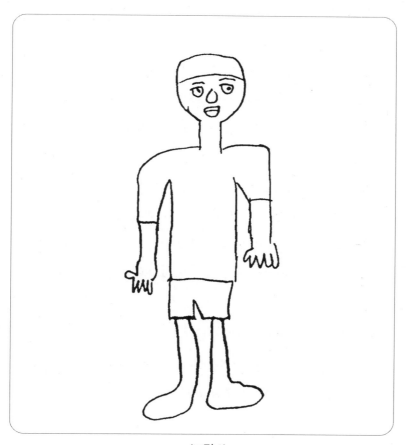

〈그림 9〉

• 비뚤어진 어깨 성적 갈등이 따르는, 성격의 위축 상태를 나타냅니다. 왼쪽 어깨는 여성적, 오른쪽 어깨는 남성적 의미를 갖습니다.

• **날카로운 손끝** 공격성을 나타냅니다.

• **반대 방향을 향한 발** 양면성 가치 감정을 나타냅니다.

유치원 때에는 보통 아이였습니다. 그러나 초등학교에 들어가고 나서부터 툭하면 아이들로부터 놀림받아 4학년 5월 무렵에는 "애들이 괴롭혀서 학교에 가고 싶지 않아요"라고 하거나 배가 아프다고 하여 세 번 정도 쉬었습니다. 담임 선생님 말씀에 따르면, 자기 뜻대로 되지 않으면 금세 울어 버리고 주변에 친구도 적다고 합니다. 부모는 "너무 얌전하다. 외동이라서 하고 싶은 대로 내버려 두었다"라고 합니다.

이 인물화를 보면, 남성적인 면과 여성적인 면 양면이 어깨에 나타나 있습니다. 자기와의 대결은 발의 모습, 즉 양면성 가치 감정으로 표현되어 있습니다.

이지메를 당하는 상태는 그리 심한 것 같지 않고, 오히려 '겁쟁이'라는 점이 놀림받는 원인으로 여겨졌습니다. 아이의 '위축된 모습'을 변모시키고 자신을 갖게 하며 의존심을 없애도록 노력하였습니다.

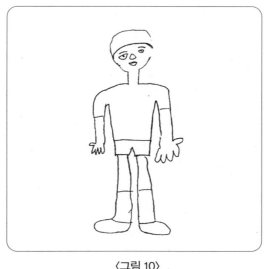

〈그림 10〉

<u>경과</u> 32회에 걸친 면담과 심리 요법을 통해 서서히 건강해졌습니다. 그 과정을 인물화와 함께 따라가 보겠습니다.

위의 〈그림 10〉은 1개월 뒤에 그린 것입니다.

<u>마음의 신호</u> • 좌우 어깨가 가지런해졌습니다(온순형).

• 커다란 오른쪽 손은 약한 데 대한 보상을 나타냅니다. 이전보다 친구가 많아졌고, 밖에 나가 놀게 되었습니다. 성적도 좋아졌고, 집에서는 질문을 하게 되었습니다.

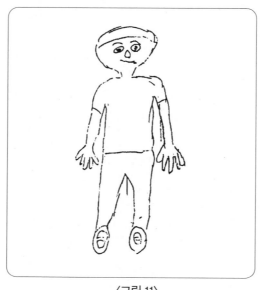

〈그림 11〉

　위의 〈그림 11〉은 9개월 뒤에 그린 것입니다.

마음의 신호 ｜ • 발은 좌우 모두 앞을 향하게 되었습니다.

　• 선이 여기저기 끊겨 있어 감화받기 쉬움을 나타냅니다. 침착성이 부족
하고 물건을 잘 잃어버립니다만, 친구와 잘 어울렸고 우는 일도 없어졌
습니다. 집에서는 묻는 말에 대답을 잘 하게 되었습니다. 엄마가 아팠을
때에는 머리를 식혀 주기도 하는 등 의외의 행동도 했습니다.

　다음의 〈그림 12〉는 1년 9개월 뒤에 그린 것입니다.

〈그림 12〉

마음의 신호 · 끊긴 선은 충동심과 상처받기 쉬움을 나타냅니다.

· 긴 다리는 자율성에 대한 욕구를 나타냅니다.

· 각진 어깨는 방어적 태도와 공격성을 나타냅니다.

· 손은 정상적으로 그려져 대인 관계가 좋아졌음을 말해 줍니다.

여름 방학 전 친구의 협박으로 집에서 돈을 훔쳐 내 친구들에게 나누어 준 사실을 빼고는 특별한 문제 없이 명랑하게 학교에 다녔습니다. 고학년 주번 활동 때에 말을 듣지 않는 1학년 아이 때문에 애를 먹기도 했으나 친구 관계는 점차 좋아졌고, 적극적으로 교제하게 되었습니다.

말썽꾸러기

중학교 1학년 남자

〈그림 13〉

마음의 신호 • **뒤를 향한 얼굴** 원만하지 못한 대인 관계를 나타냅니다.

• **커다란 머리** 퇴행하고 있거나 지능이 지체되었음을 말해 줍니다. 단, 유아인 경우에는 정상입니다.

• **큰 귀** 남에 대한 경계심을 나타냅니다.

• **팔꿈치와 무릎 관절** 어머니에 대한 의존을 나타냅니다.

• **앉아 있는 사람** 다리를 그리고 싶지 않은 경우로, 우울한 기분, 낙담, 심리적 도피를 나타냅니다.

• **팔** 수평이 되게 옆으로 벌린 팔은 퇴행(유아성)을 나타냅니다.

• **손** 손이 드러나지 않은 것은 대인 관계가 원만하지 못한 경우입니다.

• **주머니** 의존성을 뜻합니다.

증상 이 소년은 수업중에 친구를 건드리거나 못 살게 굴고, 모두 경계하면 흥분하여 책상을 넘어뜨리고 의자를 집어던지며 날뛰어 손을 쓸 수가 없었습니다.

인물화를 뒷모습으로 그린 것은, 모두에게 거부당하고 있다고 느끼는 심리를 표현한 것입니다. 또 팔과 다리의 관절을 강조하고 있는데, 이것은 다른 사람의 애정과 도움을 바라는 신호입니다.

이 소년은 일기에 남들이 자신을 괴롭힌다고 썼는데, 스스로의 행동에 대해서는 일절 언급이 없고 반성하지도 않습니다. 지능은 보통보다 조금 떨어지는 정도로 그다지 문제 되지는 않고, 정작 문제는 심한 정서 불안에 있는 듯합니다. 아버지는 입원 중이며, 어머니는 초등학교 5학년 때 어떤 사건에 휘말려 소년의 눈앞에서 죽었습니다. 그 충격이 정서 불안의 원인으로 생각됩니다.

이 아이가 그린 수목화(〈그림 14〉)를 살펴봅시다.

마음의 신호 · **나선형 수관** 인내력 결핍, 활동성, 가만히 있지 못하는 성격을 나타냅니다.

· **가지** 중심에서 방사선형으로 뻗은 가지는 공격성과 퇴행성의 두 가지 면을 갖습니다.

· **줄기 왼쪽 아랫가지** 퇴행 또는 엉뚱한 행동을 나타냅니다.

· **줄기의 나뭇결** 감각적이고 거친 성격을 나타냅니다.

· **수관 속의 잘린 가지** 마음의 상처로, 어머니가 사망한 때와 일치합니다.

· **뿌리** 줄기 밑동에 달린 뿌리는 무의식적인 것으로, 좁은 시야와 이해력의 결핍을 말해 줍니다.

· **그루터기** 정신적으로 입은 마음의 상처가 남긴 흔적으로 여겨지는데, 오른쪽 아래에 있으므로 퇴폐성과 패배감을 나타내는 것으로 보입니다.

· **어린 나뭇잎** 뿌리 오른쪽 끝에 그린 어린 잎은 다시 태어남을 뜻합니다.

· **지면** 지면이 없음은 안정감의 결여를 나타냅니다.

· **전체** 나무 전체의 꼴은 사람 모습으로, 퇴행을 나타냅니다.

〈그림 14〉

소년이 쉽게 흥분하는 반응을 보이는 등 이상 행동을 하는 가장 큰 원인은 위에서 살펴본 점으로 보아 어머니 사망의 충격, 아버지의 입원, 고독 등으로 보입니다. 아버지는 상담이 불가능한 상태이고, 이웃에서 보살펴 주는 부부 이외에는 상담 대상이 없습니다.

유유아기의 모습과 뇌 장애 유무에 대해서도 살필 필요가 있습니다만, 어머니가 사망했고 아버지는 이야기를 나눌 상태가 아니어서 자세한 사정은 알 수가 없었습니다.

여기서 특별히 문제가 되는 것은, 이 소년은 '나는 이지메를 당하고 있다. 모두 나를 괴롭힌다' 고 생각하고 자신의 행동에 대해 냉정한 반성을 하지 않는다는 점입니다.

자신의 행동을 기억하지 못하는 것은 간질 발작에 의한 경우일 수도 있습니다. 때문에 무의식 상태에서 날뛰는 수가 있습니다.

따라서 이런 이상한 행동을 할 때에는 여러 각도에서 살펴야만 올바른 지도가 가능합니다. 정말로 괴롭혔는지, 정말로 경계했는지, 행동은 의식적인 것인지, 반(半)의식적인 것인지, 아니면 무의식적인 것인지 이러한 사항들을 바르게 이해할 필요가 있습니다.

이 소년의 경우는 아버지도 보호할 능력이 없는 상태이므로 사회 시설의 보호가 필요하다고 생각됩니다. 이것도 단 한 번만의 면접으로는 판단할 수 없습니다. 그러나 소년이 애정과 이해에 굶주려 있다는 사실은 부정할 수 없습니다. 꾸짖는 것은 아이의 상태를 악화시킬 뿐입니다.

과거에 이지메당했던 아이

고등학교 1학년 여자

〈그림 15〉

마음의 신호 ┃ •**균형** 머리가 크고 목 아래가 작은 경우는 보통 유아나 지능 지체아에게서 볼 수 있는데, 초등학교 3·4학년 이상이면 지체 또는 퇴행 현상으로 간주합니다. 본 사례는 다소 특수한 예입니다.

증상 ┃ 중학교를 졸업하고 고등학교에 진학했는데, 입학 사흘째 되던 날에 기분이 나쁘다며 하루 결석하고 다음 날 다시 등교했습니다. 그 후 나흘쯤 지났을 때는 기분이 나쁘다며 조퇴했습니다.

이 여학생은 다음과 같이 호소했습니다.

"가슴하고 목이 막힌 듯한 느낌이에요. 내가 변한 것 같고, 내가 나 같지 않아요. 가구랑 여러 가지 풍경이 들어와요. 소리가 무서워요. 내가 작아졌어요. 주위가 움직이고 있어 무서워요. 중학생 때에는 안 그랬어요. 친구도 있었고……. 지금은 커다란 것에 눌려 있어요. 마음이 괴롭고 잠이 오지 않아요. 선생님, 부모님 모두에게 미안해요. 무겁고 검은 그림자가 가슴에 있어요. 그게 뭔지 모르겠어요. 서 있을 곳이 없어요. 무너져 내리는 꿈을 꿔요. 차가 지나가는 것을 보면서 내가 사라져 버리는 꿈을 꿔요."

이들 증상을 보면 '지금의 나는 원래의 내가 아니다' 라는 자아 의식 면의 장애와, '가구랑 여러 가지 풍경이 들어온다. 주위가 움직이고 있어 무섭다' 라는 대상 의식 면에서의 장애, '내가 작아졌다, 무너져 내린다, 사라져 버린다' 라는 신체 의식 면의 장애 등, 자기 주변과 신체에 관

66

한 의식의 장애가 보입니다. 이 경우의 학생은 사춘기 소녀로서, 타인에 민감하며 이인증(離人症)일 가능성이 있어, 정신과에서 진단을 받도록 부모에게 권하고, 일단 최면법을 통한 심리 치료를 실시했습니다.

경과 ┃ 이 학생은 치료를 침착하게 받았고 명랑해져서 돌아갔습니다. 그 뒤 어머니로부터 건강하게 학교에 다니고 있다는 연락이 왔고, 그 이후의 상황은 모릅니다.

이 학생이 그린 인물화 〈그림 15〉는 "내가 작아졌다"고 말한 대로 단순한 퇴행이 아닌, 특수한 심리 상태가 투영된 것으로 보입니다.

중학교 1학년 때 친구로부터 "성격이 나빠. 태도가 건방져"라는 이지메를 당하고, 9월부터 학교를 쉬게 되었습니다. 상당히 심한 충격을 받아 "○○가 죽이려고 해. 머리카락을 자르려고 해" 하며 울부짖어 입원한 적도 있습니다만, 32회에 걸친 심리 치료로 건강해져 중학교 2학년 4월부터 다시 등교했고, 그 뒤로는 순조로운 생활을 보냈습니다.

다음으로 이 학생이 그린 수목화 〈그림 16〉을 살펴봅시다.

마음의 신호 ┃ • **지면이 없다** 불안정하고 마음이 들떠 있는 상태입니다.
• **뿌리처럼 갈라진 밑동** 생기 없는 사람의 무거운 마음을 나타내며, 일종의 정신 장애로 보입니다.

〈그림 16〉

• **긴 줄기와 작은 수관** 신경질적인 이 학생의 경우, 원시적 상태로의 퇴
행을 나타냅니다.

• **줄기 윤곽 오른쪽의 불규칙한 선** 적응의 어려움과 과거에 체험한 갈등
의 흔적을 나타냅니다.

• **줄기와 가지의 굴곡** 숨막힐 듯한 긴장과 감정의 축적을 나타냅니다.

• **중심에서 방사선상으로 그려진 가지** 공격적이고 퇴행적인 경향을 나타
냅니다.

수목화에 나타난 특징을 보면, 인물화에 나타난 것과 마찬가지 특징
이 드러나며, 과거에 체험한 갈등의 흔적이 나타나 있습니다.

〈그림 17〉

〈그림 18〉

　여기서 중학교 2학년이 되어 등교를 시작한 무렵의 인물화와 수목화를 살펴보겠습니다.

　마음의 신호｜・인물화에는 특별한 문제점이 보이지 않는데, 발을 강조한 것은 이틀 전에 발목을 삐었기 때문입니다.

・**줄기와 뿌리** 줄기 밑동과 뿌리가 지면의 선을 이루고 있는 것은 자아의식의 결여와 원시적 상태를 나타냅니다.

・**줄기** 줄기 표면의 곧게 뻗은 선은 감수성을 나타냅니다.

・**동심원을 이룬 수관** 자기의 중심에 머무르고 있음을 나타내며, 자기애적이고 환상에 몰입되어 있다고도 할 수 있습니다.

이 점들로 보아 이 학생의 성격에는 일관되게 나타나는 그 무엇이 있고, 예민한 감수성이 행동으로 나타나는 것으로 여겨집니다.

사례 10

자해증

초등학교 4학년 여자

〈그림 19〉

• **커다란 머리** 퇴행 현상과 낮은 지능을 나타냅니다.

• **강조된 귀** 남의 말에 민감함을 나타냅니다.

• **좁은 어깨** 열등감을 나타냅니다.

• **팔** 수평 상태보다 위로 올라간 팔은 잘 흥분하는 성격을 나타냅니다.

• **작은 발** 안정감의 결여를 나타냅니다.

• **선이 끊긴 부분** 팔과 몸통 선의 끊긴 부분은 통제할 수 없는 충동심을
드러낸 것입니다.

증상 │ 이 아이에게는 부모와 오빠 한 명이 있습니다. 집에서 숙제를 하
다가 잘 안 되면 "아, 잘 모르겠어" 하곤 이내 흥분하여 머리카락을 쥐어
뜯습니다. 또 부모님이 오빠를 칭찬하면 "오빠만 칭찬한다"고 화를 내
고, 화만 나면 자기 머리카락으로 손이 갑니다. 그래서 정수리 부분의 지
름 10cm 정도가 동그랗게 탈모되었습니다.

아이가 태어났을 때 어머니는 경련을 일으키는 병에 걸려, 아이를 안
아 주지도 모유를 먹이지도 못했습니다.

경과 │ 출생 후 특히 중요한 시기인 태외 태아기에 부모의 사랑을 충분
히 받지 못한 것이 그 후 아이에게 중대한 영향을 끼친 것으로 생각됩니
다. 그래서 부모에게 다음 사항을 지켜 달라고 부탁했습니다.

• 가족 모두가 아이의 장점을 찾아내어 칭찬해 줄 것.

• 오빠에 대한 칭찬은 이 아이가 없을 때 할 것.

• 어머니와 함께 잘 것.

그리고 최면법을 통한 심리 요법을 계속했더니, 점차 정서가 안정되고 행동도 활발해졌는데, 특히 다음과 같은 변화가 눈에 띄었습니다.

• 숙제나 심부름을 스스로 나서서 하게 되었습니다.

• 꾸지람을 들어도 얌전히 받아들였습니다.

• 학교에서 반장으로 뽑혔습니다.

〈그림 20〉

자해증은 사라졌고, 6개월 뒤에는 머리카락이 다시 자라 가지런해졌습니다. 이 무렵 처음으로 아이는 "엄마, 나 태어나길 잘했어요" 하고 말했습니다. 흥분하여 머리카락을 쥐어뜯던 무렵과 비교하면 지금은 얼마나 행복해진 것입니까? 난생 처음 태어난 것에 대한 기쁨을 말로써 나타낸 것입니다. 이 아이가 한 말의 심층에는, 태외 생활도 이 정도면 태내에 있을 때와 비교할 만하다는 심리가 깔려 있었던 것이 아닐까요?

아이의 자해 증상이 나았을 무렵에 그린 인물화는 앞의 〈그림 20〉과 같이 안정된 모습입니다.

자해증

중학교 3학년 여자

〈그림 21〉

• **머리** 키에 비해 머리 부위를 크게 그린 것은 지능이 모자람을 나타냅니다.

• **얼굴** 눈썹을 짙게 강조한 것은 이 학생이 흥분했을 때 언제나 눈썹을 뽑았기 때문입니다.

• **균형** 하반신이 짧은 것은 지능이 낮음을 말해 줍니다.

• **짧은 손가락** 원만하지 못한 대인 관계를 나타냅니다.

• **뒤로 향한 발** 환경에 대한 두려움을 말합니다.

• **작은 발** 안정감이 부족함을 나타냅니다.

• **인물의 위치** 왼쪽에 치우친 것은 충동성을 나타냅니다.

증상 │ 이 학생은 화를 잘 내고, 정서가 불안정해지면 자신의 눈썹을 잡아 뽑는 자해증이 있습니다.

지능은 심하게 뒤지지는 않았고, 세 살 무렵부터 하루에 1~2회 간질 발작을 일으켰습니다. 지금도 약을 복용하고 있지만, 안정되지 않습니다. 면접 당일에도 시작 전부터 어머니와 무슨 일로 다투었는지, 자리에 앉고 나서도 일어섰다 앉았다 하며 안절부절못했습니다.

지능 테스트가 끝나고 밖에서 기다리는 동안에도 어머니와의 상담 내용을 들으려고 문을 두드리거나 소리쳐 부르는 등 불안정한 모습이었습니다.

자해 행위는 간질 증상이 있는 아이의 경우 의식이 몽롱한 상태에서 일어나는데, 마비성 치매 또는 만성 치매 상태에서는 머리카락이나 눈썹을 잡아뜯는다고 합니다.

경과 이 학생의 경우, 면접 횟수가 한 번뿐이어서 간질 이외의 사실에 대해서는 자세히 모릅니다. 의학적 정밀 진단이 필요하리라고 봅니다.

어쨌든 병의 원인이 있고, 정서가 아주 불안정해졌을 때의 증상이므로, 표면적인 자해 행위 그 자체만을 다스려서는 아무 소용이 없습니다.

심인성(心因性) 자해증인 경우에도 머리카락을 뜯고, 머리를 벽 또는 의자에 부딪히거나 손을 할퀴거나 하여 스스로를 괴롭히는 사례가 많습니다만, 치료를 받은 뒤의 경과는 모두 좋습니다.

자해증이 있는 등교 거부아

초등학교 4학년 남자

〈그림 22〉

• **인물의 위치** 축구 하는 장면으로 동그라미 안에 인물을 그렸습니다(자궁 회귀 소망).

• **다리 벌린 각도** 70도로 정서 불안정을 나타냅니다.

• **공** 에너지(원기)의 강도를 나타냅니다.

• **무릎** 관절의 강조는 어머니에게 의존하려는 욕구를 나타냅니다.

증상] 가족은 어머니와 둘뿐으로, 아버지는 태어난 지 얼마 안 돼 돌아가셨습니다. 유아기(乳兒期)에 모유를 한 달쯤 먹은 뒤로는 줄곧 우유를 먹었습니다.

어머니가 직장에 다녀서 하교 후에는 가까이 있는 할머니 집에서 놀았습니다.

초등학교 3학년 3월에 복통과 두통으로 열흘쯤 쉬었습니다. 4학년에 올라가고 나서부터는 매달 발열과 복통을 일으켜 2~3일씩 쉬었습니다. 10월 하순부터는 계속해서 쉬기 시작했습니다. "왜 학교에 못 가니?" 하고 물으면, "왜 학교에 못 가는지 잊어버렸어"라고 대답합니다. 무의식 세계에 빠진 상태에서 이유 따위를 말할 수 없었을 겁니다. "몰라"라든가 "왠지 가기 싫어"라고 하는 것이 진실입니다.

가끔 학교에 갔다 온 날에는 "다른 애들 앞에서 꾸중을 들어 창피했다"거나 "앞으로 하루 더 쉬면 낙제시킨대"라며 불만을 털어놓았습니다. 집에서도 학교에서도 혼나기만 하고, 자신의 욕구 불만에 대해서는 누구 하나 이해해 주지 않는 상태에서, 아이는 흥분하면 집에서 소란을 피우거나 자기 손을 물어뜯고, 머리를 벽이나 의자에 부딪쳤습니다. 이른바 자해증입니다.

사랑과 이해에 굶주린 아이로서 안주할 곳이라곤 오직 어머니의 태내뿐이었습니다.

경과 | 어머니와 할머니에게 아이의 행동 심리를 설명해 주고 이해를 구했으며, 담임 교사와 연락을 주고받았습니다. 그리고 열 번 정도 상담을 실시했습니다.

그 결과 점차 안정을 찾았고, 난폭한 행동이나 자해증도 사라졌습니다. 그래서 새 학기부터는 다시 등교하게 되었습니다.

등교를 거부하는 아이들의 실태는 갖가지입니다. 이 아이는 학교에 가고 싶어도 갈 수가 없었습니다. 심인성인 두통과 복통을 호소했을 때, 이미 아이가 무엇을 바라는지 신중하게 생각해야 했습니다. 이 사례 역시 모자 분리 불안 심리가 큰 원인 중 하나라고 생각합니다. 단지 행동을 꾸짖는 것만으로는 문제 해결에 도움이 되지 않는다는 사실을 유념해야겠습니다.

4 장

등교 거부아

등교 거부아라고 불리는 아이들의 수는 얼마나 될까요? 일본 문부성이 1992년 발표한 조사에 따르면, 1991년도 한 해 동안 30일 이상 결석한 초·중학생은 약 6만 7천 명으로, 중학생의 경우 100명에 한 명 꼴입니다.

이제 등교 거부 문제가 가정이나 학교만의 문제가 아닌 사회 전체의 문제로 대두된 것입니다.

등교 거부에 대해서는 전문가나 상담소, 학교 등의 조사와 연구 및 실천 결과가 보고되고 있고, 분류와 원인 및 대책에 대해서도 각 관점에 따라 여러 가지가 거론되고 있습니다. 그러나 구체적으로 등교 거부아와 접해 보면, 원인이 뚜렷해 그 해결이 비교적 쉬운 경우를 제외하고는 일반적으로 결코 단순하지 않으며, 오히려 매우 복잡합니다.

따라서 분리 불안형, 자기 상실형, 장면 회피형, 환경 요인형 따위로 불리는 분류 명칭도 각각 단일한 것은 아니며, 서로 뒤엉켜 있는 경우가 많습니다. 더불어 부모나 학교 쪽이나 서두르기만 하여 "하루라도 빨리 등교시키고 싶다. 이대로 가면 성적이 너무 떨어져서 진학이 걱정된다"고 현실적인 고민을 호소하고, 또 본인도 "앞으로 며칠 지나면 진급할 수 없게 된다"며 괴로워하는 등, 등교하고 싶어도 할 수 없는 절실한 고민을 여러 가지 형태의 행동을 통해 나타냅니다.

상담실에서 틀에 박힌 면접이나 하고, 부모와 본인의 기분을 듣는 것만으로는 문제의 근원과 핵심을 알 수 없습니다.

등교를 거부하는 아이들의 진짜 고민이 무엇인지, 현재 가장 고민하고 있는 것은 무엇인지, 말로는 할 수 없는 가슴 속 깊은 곳에 숨겨진 고민—무의식적인 것, 곧 심층 심리를 파악하는 것이 문제 해결과 치료의 핵심입니다.

표면적인 행동만을 보고 판단하거나 '방아쇠'를 당긴 데 지나지 않은 행동을 문제의 원인으로 생각해서는 곤란합니다. 사소한 행동마저 등교 거부의 원인으로 보는 것은 섣부른 생각입니다. 더 깊은 곳에 무엇이 있는지를 꿰뚫어 보아야 할 것입니다.

그러한 관점에서 1965년부터 죽 접해 온 등교 거부아 1백여 명의 사례를 통해 아이들의 그림, 특히 인물화에 표현된 여러 가지 무의식의 세계를 분석하면서, 등교 거부아에 대한 올바른 이해와 효과적인 접근 방법을 생각해 보겠습니다.

인물화에 나타나는 것

우리는 기쁨이나 슬픔 등의 온갖 희로애락을 얼굴 표정이나 자세를 통해 무의식적으로 나타냅니다. 아이들이 그리는 인물화 속에도 고민이나 어려움, 갖가지 감정과 마음의 갈등이나 요구 등 여러 가지 속마음이 무의식 중에 투영됩니다.

잘 그리고 못 그리는 기능적인 차이는 있지만, 아이들 각자의 마음은 걸러지지 않고 그대로 그림으로 나타납니다. 우리는 아이들의 얼굴 표정을 읽어 내듯이, 그림 속의 아이들의 마음을 읽어 내고 그 속마음을 이해해야 합니다. 특히 등교 거부아처럼 오랜 기간에 걸쳐 반응을 보이는 경우에는 계속적으로 인물화의 변화를 살펴보는 것이 중요합니다.

다음은 등교 거부아가 그린 인물화의 특색입니다.

❶ 대인 관계에 대한 고민
• 얼굴의 내부(눈 · 코 · 입 따위)를 그리지 않는다. 그리더라도 맨 뒤에 그린다.
• 인물을 위에서 아래로 그려 나간다.
• 팔이나 손이 뒤로 향하고, 손을 주머니에 넣거나 생략한다. 폭력을 휘두르는 경우는 손을 꼭 쥐기도 한다.

❷ 애정의 요구(어머니 의존)

• 관절이나 버클, 단추 따위를 강조한다.

❸ 퇴행 현상

• 키에 비해 머리를 크게 그린다(3~4등신 이하).

• 팔을 드는 형태가 유아형이다(옆으로 수평이 되게 그린다).

• 윤곽을 굵고 짙게 강조하거나 인물화 전체를 원으로 둘러싼다(자궁 회귀 소망).

❹ 양면성 가치 감정

• 양 발이 좌우 반대 방향을 향한다.

❺ 안정감 결여

• 발을 그리지 않는다.

• 종이 아래쪽에서 발이 잘린다.

• 발이 작다.

❻ 지면상의 위치

• 인물의 위치는 종이 왼쪽 아래(퇴행)이다.

이들 사항은 수많은 등교 거부아에게서 볼 수 있는 인물화의 특색입니다만, 전체적으로 안정감이 아주 부족합니다. ❺ 에서 말한, 발을 그린 방식만의 문제가 아닙니다.

대인 관계가 원만하지 못한 아이

중학교 2학년 여자

〈그림 23〉

• **얼굴** 세부적인 것을 그리지 못한 것은 대인 관계가 원만하지 못하다는 증거이고, 귀는 다른 사람에 대한 경계심을 나타냅니다.

• **손** 뒤로 향한 손은 대인 관계의 거부를 나타냅니다.

• **다리** 종이 아래쪽에서 잘려 발이 그려지지 않은 것은 안정감이 없음을 나타냅니다.

• **딱 붙은 다리** 긴장감을 나타냅니다.

• **균형** 전체 형태가 좌우 대칭형을 이루고 있는 것은 주위에 대한 경계심을 나타내는 것으로 생각됩니다.

증상 | 중학교 1학년 1학기까지는 평범하게 학교에 다녔는데, 2학기부터 주 1~2회 복통을 일으켜 결석하더니, 3학기부터는 아예 쉬게 되었습니다(일본의 학제는 우리와는 달리, 1년이 3학기로 이루어짐).

이 학생은 초등학교 5학년 때 전학한 뒤로 친구가 없었다고 합니다. 이 무렵부터 과식하기 시작했고, 가끔 차멀미를 한 뒤부터는 탈것에 대한 공포감을 갖게 되었으며, 학교 급식도 신경이 쓰여 잘 먹지 않게 되었습니다. 중학교에서도 급식 시간이 짧아 다 먹을 수 없다고 걱정했습니다.

친구 관계도 원만하지 못해서, 중학교 1학년 때 찍은 학급 사진 속의 여학생 3명 얼굴에 × 표시를 하는 등 불만을 나타냈습니다.

상담은 중학교 2학년 4월부터 시작했습니다.

〈그림 24〉

경과 이 학생의 등교 거부 원인에는 친구 관계와 급식 문제 등이 얽혀 있고, 복통은 심인성인 것으로 여겨져, 주로 이들 불안감을 없애는 데 신경을 썼습니다.

상담과 심리 치료를 계속하는 가운데 점차 건강을 회복하여, 5월 중순부터는 주 2~3회 등교하여 특별실에서 공부할 수 있게 되었습니다.

〈그림 24〉는 상담을 시작한 지 약 한 달 뒤인 5월 초순에 그린 인물화입니다. 이전에는 그리지 않았던 발을 작긴 하지만 그렸습니다. 조금씩 안정되어 가고 있다는 증거입니다. 건강해졌고 적극성을 띠게 되었습니다만, 치료는 10회 만에 중단되었습니다.

말을 하지 않는 아이

중학교 2학년 여자

〈그림 25〉

• **얼굴** 세부적인 것을 그리지 않은 것은 대인 관계가 좋지 않은 것을 나타냅니다.

• **다리를 벌린 형태** 정상이나, 무릎 부분(관절)의 강조는 어머니에 대한 의존을 나타냅니다.

• **팔과 손** 몸에 딱 붙이고 있는 것은 긴장감을 나타냅니다.

• **균형** 전체 형태가 좌우 대칭형인 것은 주위에 대한 방어심이나 신체의 균형을 염려하거나, 또는 결벽증과 관계 있습니다.

증상 유치원 때 선생님과는 대화했지만, 친구와는 그다지 많은 대화를 하지 않았다고 합니다. 초등학교 1·2학년까지는 친구와 대화하고 소리 내어 책을 읽곤 했는데, 3·4학년 무렵부터 말을 하지 않게 되었습니다.

"집에 돌아가면 이야기할 수 있는데, 왜 그러는지 저도 잘 몰라요" 하고 학생은 말합니다. 이 같은 경우를 장면 함묵(어떤 상황에서 일시적으로 함묵하는 현상) 또는 부분 함묵이라고 합니다.

그 뒤 초등학교 5·6학년 무렵에는 어느 정도 이야기할 수 있었으나, 중학교 1학년이 되어 자기 소개를 할 때 모두 냉담한 반응을 보이자 다시 함묵 증세를 보였다고 합니다.

중학교 2학년 1학기 때에는 선생님으로부터 "왜 말을 하지 않니?" 하는 꾸중을 듣고 매를 맞았다고 합니다. 그러고 나서 중학교 2학년 9월부터 학교에 가지 못하게 되었습니다. 어머니한테는 아침에 일어나지 않아 심한 꾸중을 들었습니다. 〈그림 25〉는 중학교 2학년 10월에 그린 그림입니다. 내성적인 성격 탓에 대인 관계에 불안을 느끼고 함묵 증세를 보인 것을 친구와 교사가 이해하지 못했기 때문에, 이 학생은 학교에 가기 힘들었으리라 생각됩니다.

경과 ┃ 10월부터 주 1회 상담과 심리 치료를 한 결과, 점차 건강해졌고, 약 두 달 뒤에는 〈그림 26〉과 같이 얼굴 세부와 발을 그리게 되었습니다. 그리고 중학교 3학년 4월 무렵부터 등교하기 시작했고, 대화도 하게 되었습니다. 함묵 증세가 있는 아이들의 경우, 그 원인을 바르게 이해하지 않으면 이 학생과 같이 등교 거부로 이어지기도 합니다.

〈그림 26〉

자주 결석하는 아이

중학교 3학년 남자

〈그림 27〉

• **얼굴** 내부를 그리지 않은 것은 대인 관계가 원만하지 못함을 말합니다.

• **다리를 벌린 형태** 거의 정상이나, 걷는 모습이 한쪽 발은 까치발을 하고 있어 역시 안정감이 부족한 자세입니다.

• **균형** 전체 윤곽선이 굵게 강조되어 있어, 외부와 자신과의 사이에 두꺼운 벽이 있음을 느끼게 합니다.

• **복장** 신발을 정밀하게 묘사하고 바지의 지퍼 부분을 강조한 것은 성적 관심이 강함을 말합니다.

증상 | 출산은 정상이었으나, 태어난 지 얼마 안 돼 어머니가 병으로 1년 동안 입원하게 되어 어린이집에 들어갔습니다. 두 살 7개월 때 어린이집을 싫어하여 나왔고, 그 뒤 초등학교 입학 전까지 2년 동안 유치원에 다녔는데, 가끔 쉬기는 했지만 별 탈 없이 졸업했습니다.

초등학교 1학년 때에는 학교 가기를 거부하는 경우가 많았고, 2학년 3학기 무렵부터 감기에 걸려 자주 쉬었습니다. 3·4학년 무렵에는 명랑하게 잘 다녔습니다만, 6학년 초에 복통으로 쉬고, 9월에는 탈장으로 입원하는 등 결석이 잦았습니다.

중학교 1학년 1·2학기는 결석이 잦은 편이었으나, 3학기에는 출석률이 꽤 좋았습니다. 그러나 중학교 2학년이 되면서부터 거의 학교에 가지 않아 다음 해 2월에 상담소를 찾았습니다.

인물화는 얼굴의 세부는 그리지 않은 데 비해 그 밖의 부분은 아주 정밀하게 그렸습니다. 대인 관계 문제로 그리지 못한 것으로 판단되는 눈·코·입 등의 특징은 등교하지 못하는 상태를 나타냅니다.

굵게 강조된 전체 윤곽선은, "신체 윤곽선은 몸과 환경 사이의 참된 벽이며, 종종 그림을 그린 자의 여린 마음, 민감함, 고립감 등 감정의 정도를 나타낸다"는 매코버의 말대로 외부에 대한 경계심을 나타냅니다. 이 굵게 표현된 선은 '마음의 갑옷'이라고 생각합니다.

경과 | 이 학생이 등교를 거부하는 가장 주된 원인은 유유아기에 느낀 어머니 분리 불안으로 판단되어, 그 점에 유의하며 심리 치료를 진행했습니다.

이 학생은 온순하고 예의 바르며 성실해 1년 동안 매주 한 번씩 열심히 상담에 응해, 5월부터는 상담일인 목요일과 그 다음 날을 빼고는 거의 매일 학교에 가게 되었습니다. 체육을 잘 못하는지 체육 시간이 있는 날 하루는 결석했습니다.

고등학교에 진학하고 나서부터는 자신이 생겨 하루도 빠지지 않고 등교했으며, 졸업 후에는 국립 대학에 진학하여 건강하게 공부를 계속하고 있습니다.

공격적인 아이

중학교 1학년 남자

〈그림 28〉

• **균형** 전체 윤곽선이 굵게 그려져, 자기와 외부와의 경계를 강조합니다.

• **손** 손을 꼭 쥐고 있는 모습은 대인 관계가 좋지 않음을 나타내며, 주먹이 몸에서 떨어진 것은 공격성을 나타냅니다.

• **허리띠 강조** 긴장감과 그 통제를 나타냅니다.

• **팔 · 다리의 관절** 어머니에 대한 의존을 나타냅니다.

• **발 사이의 넓은 폭** 안정감의 결여를 말하며, 여기서는 공격성을 나타냅니다.

• **검게 강조된 발** 성에 대한 관심을 나타냅니다.

증상 │ 초등학교 3학년 5월 무렵, 담임 선생님이 바뀌고 급식을 먹을 수 없다는 것을 이유로 20일 정도 쉬었으나, 그 뒤에는 순조롭게 다녔습니다. 지능이 뛰어나 성적은 언제나 상위였습니다.

중학교에 진학하여 1학년 6월 하순부터 몸이 나른하다고 하여 4~5일 쉬더니 그 뒤 매주 월요일마다 결석했습니다. 9월 이후부터는 내리 결석, 가끔 마음에 들지 않는다며 부모를 몽둥이로 때리고 물건을 집어던졌습니다.

부모는 과보호와 지나친 사랑이 아이가 자립하지 못한 가장 큰 원인이라고 생각했습니다.

경과 담임 선생님과 부모의 협력, 심리 치료로 1년 반쯤 지나 가까스로 주 1회, 그것도 저녁에 학교에 나가 담임 선생님의 지도를 받는 정도까지 회복되었습니다. 그리고 등교 일수가 늘어남에 따라 폭력 행위도 거의 사라졌습니다.

〈그림 29〉는 꽤 안정된 무렵의 인물화로, 꼭 쥔 주먹은 사라지고 손가락이 그려져 있습니다. 그러나 선은 아직도 섬세함을 나타내며, 윤곽도 조금 굵어 평범하게 학교에 다니기에는 아직 이르다고 판단되었습니다. 3학년 3월이 되어서야 학급에 다시 돌아갔는데, 어쨌든 야간 수업을 계속하여 중학교를 졸업했고, 정규 고등학교에 진학했습니다.

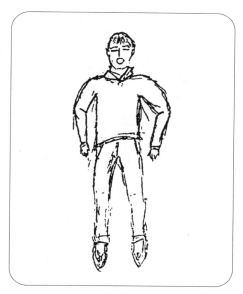

〈그림 29〉

엄마와 떨어지기 싫어요!

초등학교 4학년 남자

〈그림 30〉

• **양팔** 수평으로 들고 있어, 유아기로의 퇴행을 나타냅니다.

• **허리띠** 버클이 검게 강조되어, 어머니에 대한 의존을 나타냅니다.

• **콧구멍** 반발심을 나타냅니다.

• **혀** 성적인 의미가 있으며, 야뇨증과의 관계를 엿볼 수 있습니다.

• **손가락** 짧은 손가락은 친구 관계가 적음을 나타냅니다.

• **얼굴** 얼굴은 크며, 키와 전체 균형에서 보면 유아형입니다.

증상) 4학년이 된 4월 중순부터 급식 시간만 가까워지면 기분이 나빠져 식사를 할 수 없었습니다. 그것이 점차 발전하여 아침도 먹지 못하게 되었습니다.

매일 아침 집을 나서면서 "다녀오겠습니다" 하고 조금 가다가는 금세 돌아오는 것을 세 차례 정도 되풀이하고 나서야 겨우 등교했습니다. 그리고 상담하러 오기 전에 나흘 정도 쉬었다고 합니다. 등교 거부의 초기 증세라 하겠습니다.

이 아이는 1·2학년 무렵에도 급식 전에 가끔 불쾌감을 느꼈다고 합니다. 또한 1주일에 두세 번 야뇨증을 일으켰고, 손가락 끝을 깨무는 버릇이 있었으며, 차멀미도 했습니다. 그럼, 이 학생의 등교 거부 원인은 무엇일까요?

아이의 가족으로는 부모와 두 살짜리 여동생이 있습니다. 여동생과는 사이가 좋습니다만, 가끔 "너는 참 좋겠다"고 하거나 어머니한테 달라붙어 떨어질 줄 모르는 등 뚜렷한 퇴행 현상을 보였습니다. 이 학생이 그린 인물화를 보면, 〈그림 30〉과 같이 버클 강조가 눈에 띄며, 팔을 수평에 가깝게 들어올린 것도 유아형입니다.

이러한 점들로 미루어 보아 이 아이의 등교 거부 경향은 어머니와 떨어지는 것을 두려워하는 모자 분리 불안에 따른 것으로 보입니다.

경과 | 일곱 번쯤 상담과 치료를 계속한 결과, 급식 전의 불안은 사라졌고 학교에도 빠지지 않고 가게 되었습니다.

또 차멀미는 두 번쯤 최면법으로 치료를 했더니 금세 나아, 드라이브를 해도 아무 이상이 없다는 말을 전해 들었습니다.

야뇨증에 대해서는 물 마시는 것을 너무 무리해서 말리지 말 것과 야단을 너무 많이 치지 말 것, 깨울 때에는 의식 상태를 확인하고 나서 오줌을 누일 것 등의 주의를 주고 최면법으로 치료했습니다. 그 결과 서서히 좋아져 야뇨증 횟수는 한 달에 한 번 정도로 줄어들었고, 성격도 명랑해졌습니다.

혼자 학교 가기 싫어하는 아이

초등학교 1학년 여자

〈그림 31〉

• **얼굴** 몸에 비해 극단적으로 큰 얼굴로, 유아형이며 퇴행 현상으로 보입니다.

• **손** 손이 없는 것은 대인 관계에 문제가 있음을 나타냅니다.

• **작은 발** 안정감이 없음을 나타냅니다.

• **납작한 머리** 두려움이나 강한 억압감을 느끼는 경우입니다.

증상 입학식 당일에는 명랑하게 등교했는데, 수업을 시작한 날 이후부터 등교 거부 증세를 보여 "엄마랑 같이 가면 가지만 혼자서는 싫어"라고 할 뿐, 이유를 밝히지 않은 채 울기만 했습니다.

할 수 없이 처음 1주일 동안은 어머니도 교실 안에 같이 들어갔습니다. 둘째 주부터 교실까지만 바래다주고 돌아가려고 하자, 아이도 같이 따라가려고 해 선생님이 붙들고 있었다고 합니다. 유아기 때에도 이것저것 살펴 주어야 할 것이 많았고, 공원에 데리고 나가도 어머니에게서 잠시도 떨어지지 않았습니다.

가족은 부모와 남동생 네 식구로, 아버지와는 잘 놀지 않았던 것 같습니다. 1학년 6월 초순에 상담하러 와 면접할 때에도 어머니에게서 떨어질 줄 몰랐고, 악수도 거절했습니다.

이러한 점들로 보아 이 학생의 등교 거부는 유아기 수준의 분리 불안형 등교 거부라 할 수 있겠습니다.

경과 이 아이에 대한 대책으로는 시간을 두고 천천히 고쳐 나가게 했으며, 아버지에게도 아이와 함께 자주 놀아 주되 필요할 때에만 엄한 모습을 보여 주도록 부탁했습니다. 이후 다음 해 5월까지 23회에 걸쳐 면접을 실시했습니다. 그 결과, 점차 분리 불안 증세가 사라져 교문에 들어섰을 때 선생님이 부르면 즉시 어머니에게서 떨어져 교실 쪽으로 가게 되었습니다.

2학년 4월 하순, "오늘부터 나 혼자 학교에 갈래" 하고는 드디어 부모의 손을 잡지 않고 등교할 수 있게 되었습니다. 어머니는 "상담하러 올 때마다 마음이 차분해지고 노력해 보려는 힘이 생겼어요" 하고 말했습니다만, 아버지의 협력, 부모와 선생님과의 연계가 잘 이루어졌습니다.

〈그림 32〉는 2학년에 올라갔을 때 그린 것입니다.

〈그림 32〉

이지메

중학교 2학년 여자

〈그림 33〉

• **손** 손을 뒤로 돌린 것은 대인 관계를 거부함을 뜻합니다.

• **발** 잘 그리지 못해 다시 고쳐 그렸으나, 오른쪽 발 일부가 아직 그려지지 않은 것은 안정감의 결여로 볼 수 있습니다.

• **몸통** 비정상적으로 길게 그린 몸통은 강해지고 싶어하는 마음과 공상적이고 안으로 잘 움츠러드는 성격을 나타내며, 분열증이 있는 사람에게 많은 것으로 알려져 있습니다.

• **강조된 눈** 일반적으로 여자에게서 이러한 경향을 볼 수 있으나, 안질이나 시력과 같은 문제를 비롯해 두려움이나 불안감을 느낄 때에도 강조됩니다. 이 학생은 시력은 좋은데 잘 보이지 않는다고 호소했습니다. 이에 대해 의사는 신경성이라고 했는데, 이 학생의 경우는 위의 복잡한 심리가 눈에 투영된 것으로 여겨집니다.

증상 | 중학교 1학년 5월까지는 평범하게 통학했는데, 6월 들어 이지메를 당하기 시작, 그 뒤 두통과 복통을 호소하여 월요일은 쉬게 되었습니다. 그리고 7월부터는 매달 열흘 정도 쉬었습니다.

11월 하순, 여러 명으로부터 이지메를 당해 2주간 입원, 12월에 퇴원했으나, 그 뒤 학교에 가지 못한 채 거의 1년이 지나 이곳 상담소를 찾아왔습니다.

이 학생은 초등학교 때에도 이지메를 당해 3학년 때에는 "괴롭혀서 싫어", "가슴이 아파, 머리가 아파" 하며 매일 이유를 바꾸어 통증을 호소했으나, 부모는 쉬지 못하게 했습니다.

국립병원의 검사 결과, 심인성인 것 같다는 판정이 나왔습니다. 10월부터 가끔씩 결석을 시작하여 그 뒤 넉 달 정도 쉬었습니다. 4학년 무렵에는 친구에게 "돈을 가져오면 놀아 줄게"라는 말을 듣고 어머니 지갑에서 돈을 빼낸 적도 있으며, 가끔씩 결석했습니다. 5학년 때에는 매달 열흘 정도 쉬었고, 6학년 때에도 매달 3일 정도 쉬었다고 합니다.

가족은 부모와 오빠, 여동생, 할머니, 할아버지로 모두 일곱 식구인데, "모두 동생만 예뻐한다"고 말하는 등 동생과의 사이는 좋지 않았습니다.

경과 │ 이 학생의 등교 거부 원인은 이지메가 주된 것으로 여겨지는데, 왜 이지메를 당했는지는 두 번밖에 상담을 못해 알 수 없습니다. 그러나 이 여학생의 머리 두 군데에 있는 원형 탈모증은 심인성으로, 시력 문제와 함께 주의해서 살펴보아야 할 점이라고 생각합니다. 첫 번째 면접 후 나흘 정도 등교했습니다만, "교실에 들어가는 건 싫어. 남자 애들이 장난쳐서……" 하고 말했습니다. 이 학생이 그린 인물화에서 몸이 기다란 것은 특히 주의해야 할 부분입니다.

자신감 없는 아이

중학교 2학년 여자

〈그림 34〉

<u>마음의 신호</u> · **눈의 강조** 불안과 약한 시력의 두 측면을 엿볼 수 있습니다. 참고로 이 학생의 시력은 오른쪽 0.08, 왼쪽 0.20입니다.

· **가슴 부위의 십자 무늬** 유방에 대한 관심을 말하며, 어머니의 이미지를 나타냅니다.

· **양손** 뒤로 돌린 양손은 소극적인 성격과 대인 관계가 좋지 못함을 나타냅니다.

· **발의 강조** 공격성을 의미하기도 하나, 여기서는 혀와 긴 머리카락과 함께 성적 상징의 의미가 강합니다. 이 학생은 6개월 전에 초경(初經)을 했습니다.

<u>증상</u> 중학교 2학년 1학기 동안은 평범하게 다녔는데, 기말 시험 때 "준비가 안 됐어. 완벽하지 않아" 하면서 하루밖에 출석하지 않았습니다. 5~6월 무렵에는 무슨 고민거리가 있는지 세 시간 동안 울기도 했습니다. 또, 학급 편성이 바뀌어 선생님도 바뀌고 친구도 없어졌다며 낙담하기도 했습니다. 7월 말에 갑자기 "2학기부터 학교에 가지 않을래" 하더니 매일같이 가지 않는다며 숙제도 하지 않았습니다. 그리고 9월부터는 학교에 가지 않았습니다.

가족은 부모와 고등학교 1학년 오빠 네 식구로, 중산층 가정입니다. 이 학생의 출산은 정상이었으나, 유유아기에 모유를 먹지 않고 우유를 먹고 자랐습니다. 유치원 시절에는 2년차 반장 때 선생님이 무섭다며 유

치원에 가는 것을 거부했으며, 졸업식에 참석하지 않았습니다.

초등학교 1학년 때에는 4월부터 6월까지 어머니와 함께 통학했습니다. 그 당시 학교 화장실에 가지 못해 억지로 참다가 속옷에 변을 보기도 하고, 급식을 먹지 않았으며, 친구와도 잘 놀지 않았습니다. 하지만 2학기부터는 착실하게 학교에 다녔고, 그 뒤로는 아주 적극적으로 활동하여 밝고 건강했으며 성적도 좋았다고 합니다.

중학교 1학년 때에는 건강했고, 성적도 상위로 특별한 문제가 없었다고 합니다.

종합적으로 보면, 이 학생의 등교 거부는 자신감 상실에 따른 전형적인 자기 상실형 등교 거부로 생각됩니다.

경과 | 네 번에 걸쳐 상담했습니다만, 본인이 직접 온 것은 네 번째뿐이었고, 나머지는 부모와의 상담이었습니다. 그 뒤로는 부모와 주로 전화나 서신을 통해 연락했고, 면접 상담은 그만두었습니다. 1년쯤 뒤 본인의 희망도 있었습니다만, 이전부터의 이사 계획에 따라 식구 모두 N시로 이사했습니다. 이사한 뒤부터는 학교에 다니기 시작했고, 지금까지 건강하게 통학하고 있습니다. 지나칠 정도로 완벽주의자였던 이 학생은 가끔 공부에 대한 자신감을 잃어 자기 상실에 빠졌던 것인데, 부모의 침착한 대응 — 무리한 억압을 피하고 등교를 강요하지 않음 — 을 통해 다시 자기를 되찾을 수 있었던 것으로 보입니다.

복통과 두통을 호소하는 아이

중학교 2학년 남자

〈그림 35〉

• **균형** 3cm밖에 되지 않는 작은 인물입니다. 대부분 퇴행적이고 자아가 위축된 경우나 심하게 억압받는 경우, 노이로제와 같은 우울증에 빠진 경우입니다.

• **인물의 위치** 오른쪽 아래는 퇴폐나 패배감을 나타냅니다.

• **짧은 팔** 내향적·소극적이고 대인 관계가 좋지 않음을 나타내며, 양팔을 옆으로 수평이 되게 뻗은 것은 퇴행을 의미합니다.

• **눈** 눈동자 없이 윤곽선뿐인 눈은 자기 중심적이고 남을 보고 싶어하지 않는다는 의미입니다.

초등학교 때는 특별히 문제가 없었으나, 중학교 2학년 12월부터 학교에 가기 싫어하더니, 매일 아침 복통과 두통을 호소하며 학교를 쉬었습니다. 그러나 겨울 방학 동안에는 통증이 줄었습니다.

1월에 들어서는 계속 결석했고, 1월 하순의 시험 기간에는 이틀만 출석했습니다. 1월 말에는 힘이 쭉 빠진 표정으로 "죽고 싶다"고 했습니다. 이 심경은 인물화가 그려진 위치에 그대로 나타나 있습니다.

2월 하순에는 "출석하지 않으면 진급 못 한다"는 선생님의 말을 친구를 통해 전해 듣고는 불안에 빠져 하루만 출석했습니다. 그리고 2월 말에 상담소를 찾았습니다.

가족은 부모와 중학교 1학년 여동생으로 네 식구이며, 아버지는 귀가 늦어 아들과 거의 대화를 나누지 않고 그저 "바보"라고만 할 뿐입니

다. 부모 모두 자식과 대화하려는 노력이 부족했습니다. 흡인(吸引) 분만
으로 출생하여 유유아기에는 주로 인공 영양분을 섭취하며 자랐습니다.

이 학생의 결석 이유는 대부분 심인성 복통·두통으로 일단 신경성 등
교 거부인 것으로 판단됩니다만, 퇴행 현상이 뚜렷하여 성격 미숙형이
라 할 수 있겠습니다.

경과 │ 상담은 모두 아홉 번 했습니다. 그 결과 3월에는 띄엄띄엄이나
마 11일을 등교했고, 4~5월에는 결석 일수가 5일에 불과했습니다. 학
교와 부모의 협력이 있으면 회복은 빠릅니다. 〈그림 36〉은 맨 처음 그린
수목화입니다.

〈그림 36〉

등교 거부아를 대하는 방법

첫째, 고민을 같이 할 것

"그럴 리 없다"며 아예 부정하거나 "꼭 참고 가거라" 하고 말하기 전에 아이 본인이 말하는 그대로를 받아들여 잘 들어주는 것이 중요합니다.

공감을 얻으면 마음이 일단 가라앉는 법입니다. 아이의 고민을 같이 느끼면서 어떻게 할 것인지 시간을 두고 생각해 보아야 합니다. 고민을 받아들이지 않는 한, 아이도 이쪽의 견해를 받아들이지 않을 것이며, 선뜻 입을 열려 하지 않을 것입니다.

공감은 말뿐이어서는 안 됩니다. 애정이 있어야 합니다. 아이가 애정을 느꼈을 때 신뢰 관계가 이루어지고, 문제 해결의 실마리가 생깁니다.

둘째, 정확한 원인을 파악할 것

등교 거부는 그 유형을 대강 분류할 수는 있어도, 사람의 얼굴이 다르고 성격이 다르고 또 가정 환경이 각기 다르듯이, 문제의 미세한 부분은 모두 다르므로 일반론을 적용하여 똑같이 다룰 수는 없습니다.

중요한 것은 당황하지 않고 꾸준히 대화하여 조금이라도 깊숙이 이해하고 문제의 원형을 찾아내려는 끊임없는 노력입니다.

등교 거부만이 아니라 다른 문제성 행동의 경우에도 그 원형을 찾지 않고 단지 현상만을 보고 판단하기 십상입니다만, 그것은 아주 좋지 않은 태도입니다. "친구가 괴롭혀서 싫어"라고 말했다 해서 반드시 그것이 정확한 원인이라고는 할 수 없는 것입니다. 부모와 떨어지는 것에 대한 불안(분리 불안)이 원인이고, 친구의 학대는 행동의 구실에 지나지 않는 경우도 많습니다.

그 원형은 말로는 표현할 수 없는 장소에 숨어 있는 경우가 많습니다. "그저, 왠지"라는 표현 속에 찾아내야 할 원인이 존재하는 것입니다.

셋째, 서두르지 말고 기다릴 것

'하루라도 빨리 등교시키고 싶은' 바람은 부모나 선생님이나 다 마찬가지지만, 정작 가고 싶어도 갈 수 없는 것이 아이들의 진짜 고민입니다.

부스럼이나 베인 상처가 다 나아 갈 무렵 너무 서둘러 상처에 난 딱지를 떼어내면 덧나듯이, 끈기 있게 참는 태도가 바람직합니다. 싹을 틔우는 데에는 초조해하지 않는 인내심이 필요합니다.

증세 초기에는 학교나 공부라는 말만 들어도 흥분하고 우울해하고 불안해하는 법입니다. 따라서 아이에게 말을 건넬 때에는 세심한 주의를 기울여야 합니다.

"학교에 가지 않으려면 집에서 공부하거라" 하는 말도 고민이 심각할 때에는 아무런 소용이 없는 것이 사실입니다. 공부를 하고 싶어도 할 수 없기 때문입니다. 부모는 그 기분을 짐작하여 이해하고 따스한 눈길로 지켜보면서 기다려야 할 것입니다.

그럼, 이런 아이들은 어떻게 이끌어 주어야 할까요? 초기, 중기, 후기로 나누어 생각해 봅시다.

등교 거부아 지도 방법

초기

초기에는 두통이나 복통을 호소하고 아침에 잘 일어나지 못합니다. 또 화장실에 있는 시간이 길어지고 집을 나섰다가는 되돌아오며, 지각도 자주 합니다. 각각의 원인과 개성에 따라 다르겠지만, 다음의 점에 주의하시기 바랍니다.

- 심하게 이유를 캐묻거나, 학교에 가지 않으면 낙제한다든가 하는 식의 불안감을 주면서 꾸짖는 방법은 피할 것.
- 무엇보다도 아이의 고민을 이해해 주고 차분하게 응답하여 불안감을 없애 줄 것.
- 간단해 보여도 원인은 복잡하게 얽혀 있는 경우가 많으므로, 정신

적·신체적인 면을 비롯하여 그 밖의 사항을 종합적으로 파악해 가며 대할 것. 따라서, 근본적인 문제에 대해서는 전문가와 상담하는 것이 바람직함.

중기

중기는 등교 거부의 진행기입니다. 집에 틀어박혀 아무도 만나려 하지 않고, TV나 라디오, 만화에 빠져 공부를 전혀 하려고 하지 않습니다.

밤늦게까지 자지 않다가 새벽 2~3시가 되어서야 잠들며, 반대로 일어나는 시간은 대부분 아침 10시, 11시로 낮과 밤이 완전히 거꾸로입니다. 또, 가정에서는 어머니나 동생에게 폭력을 휘두르기도 해 가족들로서는 가장 괴로운 기간이 됩니다.

그러나 그렇게 해야만 직성이 풀리는 아이의 기분을 이해하면서 인내심을 갖고 대하는 태도가 중요합니다. 여기서 주의해야 할 점은, 아이와 공감하면서 가능한 한 규칙적인 생활을 하도록 지도하는 것입니다. 특히 부모의 역할, 그 중에서도 아이에 대한 아버지의 자세에 유의해야 합니다.

후기

후기는 회복기입니다. 안절부절못하던 마음이 조금씩 가라앉기 시작하고 거친 행동이 사라져 갑니다. 집에 있는 것을 지루하게 느끼고 밖으로도 나가게 됩니다. 친구를 만나고 싶어합니다. 또 전과 달리, 담임 선생님이 찾아와도 만나며, 공부를 시작하고 학교에 가고 싶은 마음이 생깁니다.

그러나 그 중에는 결석 일수가 많아 유급이 걱정된다거나 학교에 가도 학습 면에서 따라가지 못할 거라며 걱정하는 아이도 있고, 친구들이 자신을 잊어버렸을지도 모른다는 불안을 호소하는 학생도 있습니다.

불안과 희망이 엇갈리는 심정으로 아이들은 학교의 손짓을 기다립니다. 여기서 중요한 것은, 서두르지 말고 천천히 원위치로 복귀시켜야 한다는 점입니다. 학교 쪽 대응도 중요합니다. 선생님, 친구들 모두 따뜻하게 맞아 주도록 배려해야겠습니다.

5장

자궁 회귀 소망

앞서 2장(31쪽)에서 자궁 회귀 소망과 자궁 회귀 소망의 표현(투영)에 대해 설명을 했습니다. 이 장에서는 구체적 사례를 통해 아이들의 그림에 자궁 회귀 소망이 어떻게 표현(투영)되고 있는지 알아보겠습니다.

다음은 간략하게 정리한 자궁 회귀 소망의 표현(투영) 방식입니다.
- 행동면으로의 표현－어머니 가슴에 안김, 배꼽 만지기, 꿈, "뱃속에 들어가고 싶어" 라는 말.
- 인물화로의 표현－원으로 둘러쌈(포위된 인간), 인물화의 윤곽 강조, 허리띠의 버클 강조, 단추나 주머니 그림(의존성과 퇴행성을 표현한 것으로 태내로의 준 회귀소망이라고 할 수 있습니다).

가정 내 폭력

초등학교 5학년 여자

〈그림 37〉

• **손발** 뾰족한 손가락 끝과 발끝은 공격성을 나타냅니다.

• **라켓** 라켓의 망은 ×표를 한데 모아 놓은 형태로, 마음의 갈등을 나타냅니다.

• **공** 공을 땅으로 내려치는 모습은 원기 왕성함을 나타냅니다.

• **발을 벌린 각도** 60도로 안정감이 부족합니다.

증상 5학년 때 등교 거부 경향을 보이기 시작, 1학기 동안 열흘 정도 띄엄띄엄 결석했습니다. 친구가 적었고, 자해증이 있어 흥분하면 정수리의 머리카락을 뽑아 그 부위가 지름 3cm 정도 원형으로 탈모되었습니다.

오빠와 언니의 성적이 좋은 데 대한 열등감이 강해 "오빠하고 언니만 칭찬한다"며 화를 내면서 엄마를 때리고 차는 등 폭력을 휘둘렀습니다. 어렸을 때부터 부모는 바깥일로 바빠 아이에게 충분한 신경을 쓰지 못했습니다. 이 같은 욕구 불만으로 5학년이 되고 나서도 "안아 줘, 안아 줘, 같이 자" 하며 울음을 터뜨리는 경우가 종종 있었습니다. 자궁 회귀 소망의 외침인 것입니다. 집에서 아이의 장점을 찾아 칭찬해 주고, 어머니에게는 같이 자 주도록 권했습니다. 심리 요법으로 치료하면서 점차 안정되어 두 달쯤 지나자 폭력을 휘두르는 일이 사라졌고 자해증도 나았습니다.

다음 그림은 상태가 좋아지고 나서 그린 인물화입니다. 발이 작고 양

다리가 붙어 있어 긴장된 모습을 보이지만, 공격성은 사라졌습니다.

〈그림 38〉

아래 그림은 맨 처음 그린 수목화입니다.

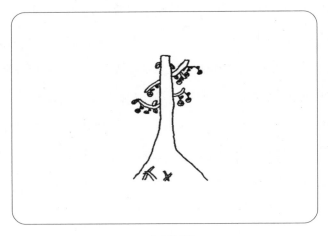

〈그림 39〉

마음의 신호 • **밑동** 좌우로 넓게 퍼진 모습은 학습이 곤란함을 나타 냅니다.

• **뿌리** X꼴로 교차된 뿌리는 마음의 갈등을 나타냅니다.

• **줄기와 가지** 끝이 잘린 줄기와 가지는 억제와 쌓인 감정을 나타냅니다.

• 땅이 없는 것은 안정감의 결여를 나타냅니다.

아래 그림은 두 달 뒤의 수목화입니다. 땅은 여전히 없으나, 종이 아래 쪽부터 그려져 있어 처음과 비교하면 상당히 안정되어 있음을 알 수 있습니다.

〈그림 40〉

손톱 물어뜯기, 배꼽 만지기

다섯 살 여자

마음의 신호 | 유치원에 다니는 온순한 보통 아이였는데, 어머니는 가정 교육을 엄격하게 했고, 끊임없이 아이에게 이것저것 주의를 주었습니다. 아이가 교통 사고를 당할 뻔한 일이 있고 나서는 어머니의 신경이 더욱 날카로워져, 유치원에서 집으로 돌아오면 밖에 나가는 것도 금지했습니다.

이러한 억압감 때문에 아이는 손톱을 물어뜯기 시작했고, 동시에 배꼽도 만지작거렸습니다. 이 모습을 본 어머니는 "무슨 이상한 짓을 하니?" 하면서 더욱 엄하게 꾸짖었습니다. 그러나 꾸짖으면 꾸짖을수록 아이의 상태는 점점 더 심해졌습니다.

증상과 경과 | 학예회 때였습니다. 연극을 관람하던 아이는 처음 재미있는 장면에서는 싱글벙글 웃더니, 무서운 장면이 나오자 안색이 창백해지면서 갑자기 손가락을 입에 넣음과 동시에 왼손으로 치마를 걷어올리고 배꼽을 만지기 시작했습니다. 잠시 후, 좌우의 손을 바꾸어 계속했

는데, 이윽고 장면이 바뀌어 재미있는 장면이 나오자 안심했다는 듯 손을 떼었습니다. 어머니에게 이 행동의 원리를 설명해 주고, 이를 절대 나무라지 말고 좀더 자유롭게 자랄 수 있도록 내버려 두라는 부탁을 했습니다. 그 뒤 얼마 안 가 이 증상은 사라졌습니다.

이 사례는 손톱 물어뜯기와 동시에 신체의 다른 한 부분을 만지는 심한 증상인데, 왜 이 아이는 배꼽을 만지작거린 것일까요?

억압감과 공포감으로 극도로 긴장한 아이는 어머니에게 도움을 청하려 했습니다. 그러나 정작 그 어머니가 무서워 어쩔 수 없이 예전에 결합되어 있던 배꼽(어머니의 일부)에 매달리게 된 것이라 생각합니다. 즉, 안전한 자궁으로 돌아가고 싶어하는 아이의 마음이 배꼽 만지기라는 형태로 나타난 것입니다.

사례 24

엄마 뱃속으로 들어가고 싶어!

다섯 살 남자

〈그림 41〉

• **크고 작은 동그라미** 동그랗게 놓인 크고 작은 동그라미는 돌이고, 안에 있는 것은 사람, 위에 있는 것은 태양입니다.

• 이 아이는 "안에 있는 게 나야" 했다가 나중에는 "동생이 불에 타고 있는 모습이야" 하고 어머니에게 말하며 연기를 그렸다고 합니다. 유아는 자기가 그린 그림이라도 시간이 지나면 딴소리를 하는 경우가 자주 있습니다. 동그라미는 태내를 나타낸 것이며, 안에 있는 사람은 자기 자신인데, 동생에 대한 질투심에서 "동생이 불에 타고 있는 모습"이라고 말했을 것입니다.

가족은 부모와 남동생을 포함해 네 식구이고, 건강 상태는 보통이었습니다. 세 살짜리 동생과 자주 다투어 그 때마다 어머니에게 혼났습니다. 어머니의 애정이 절실했던 이 아이는 가끔 "엄마 뱃속에 들어가고 싶어" 하고 소리쳤습니다.

동그라미 속에 인물을 그린 것은 자궁으로 돌아가고 싶은 심정을 그 무엇보다 잘 나타낸 것입니다.

보온병 속의 아이

다섯 살 남자

〈그림 42〉

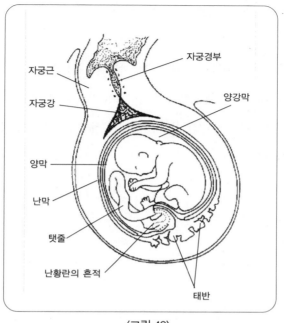

자궁근

자궁강

양막

난막

태줄

난황란의 흔적

자궁경부

양강막

태반

〈그림 43〉

마음의 신호 • '여자 아이가 보온병 속으로 들어가는 모습'이라며 그린 그림입니다.

• 병 속으로 들어가는 과정은 작게 그렸고, 병 밑에 그려진 사람은 원으로 둘러싸여 있습니다.

• 전체적인 모습은 인간의 태내(〈그림 43〉)와 흡사합니다. 거의 같다고 해도 지나치지 않은데, 다섯 살짜리 아이가 이런 그림을 어떻게 그릴 수 있었을까요?

증상 아이는 손톱을 물어뜯는다고 어머니한테 자주 혼났습니다. 안전한 어머니의 태내로 돌아가고 싶은, 이른바 자궁 회귀 소망에 의해 무의식 중에 이와 같은 사람을 그린 것으로 생각됩니다. 이 같은 예는 수목화에도 잘 나타나 있어, 단순한 우연이라고는 생각되지 않습니다. 태내에서의 의식과 무의식에 대한 사항은 앞으로 해결해야 할 중요한 연구 과제일 것입니다.

침착하지 못한 아이

중학교 2학년 남자

마음의 신호 • 이 학생은 "문어가 되어 바다에서 헤엄치고 있었는데, 커다란 공룡이 나타났다. 무서워서 돌담 사이에 숨었는데, 들켜서 잡아먹혀 버렸다."고 꿈 이야기를 했습니다. 이 꿈은 자궁 회귀 소망을 전형적으로 나타내는 것으로 생각됩니다. 공룡과 같은 원시 시대 동물은 일반적으로 자신을 보호해 주는 어머니를 의미합니다. 원시 시대로 되돌아간다는 것은 어머니의 태내로 돌아간다는 것으로서, 어머니에게 의지하고 싶다, 보호받고 싶다는 의미입니다.

• "동생하고 둘이 길고 긴 복도를 끝없이 걸어갔다"는 또 다른 꿈 이야기를 했습니다. 복도는 방으로 가는 통로, 즉 자궁으로 통하는 길입니다. 복도가 길어서 좀처럼 방에 다다르지 못하는 꿈은 안주할 곳을 찾지 못하는 불안감을 나타냅니다.

증상 이 학생의 아버지는 이미 돌아가셨고, 가족은 어머니와 남동생 (초등학교 5학년)을 포함해 세 식구입니다. 항상 침착하지 못하고, 공부도 열심히 하지 않아 성적이 좋지 못한 까닭에, 어머니에게 엄하게 주의를 받았습니다.

경과│ 두 가지 꿈 모두 자궁 회귀에 대한 꿈입니다. 엄격한 어머니의 지도를 벗어나 어머니의 태내로 되돌아가고 싶은 소망을 나타낸 것이라 할 수 있습니다. 그래서 어머니에게 다음 사항에 유의해 줄 것을 부탁드렸습니다.

• 아이의 장점을 찾아 칭찬해 줄 것.
• 동생과 비교하여 말하지 말 것.
• 아이의 마음을 이해해 줄 것.

그 결과, 이 학생은 서서히 안정되어 갔습니다.

사례 27

엄마를 죽이고 싶어

중학교 3학년 여자

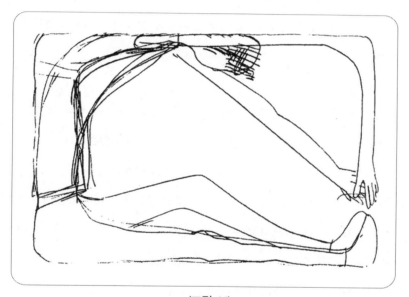

〈그림 44〉

• **머리** 머리에 ×표가 많이 그려져 있습니다. "엄마가 미워, 죽이고 싶어." 그러나 그렇게 할 수 없는 데서 오는 마음의 갈등이 나타나 있습니다.

• **얼굴** 얼굴의 세부는 그리지 않았습니다. 사랑을 잃어버린 상태이므로 대인 관계를 나타내는 눈과 입을 그리지 못합니다.

• **윤곽** 가슴에서 배에 이르는 윤곽이 여러 가닥의 선으로 강조되었습니다. 이같이 윤곽을 굵고 짙게 그리는 방식은 자궁 회귀 소망을 나타내는 것으로 생각됩니다. 심한 등교 거부나 자살을 생각하는 사람에게서 볼 수 있습니다.

출생은 정상적이었고 별 문제가 없었으나, 유유아기에 어머니의 일이 바빠 정신적인 배려가 부족했고, 모유로 키우지 못했습니다.

초등학교 · 중학교 모두 학업 성적이 뛰어나 언제나 수석을 차지해서 어머니는 당연히 딸을 명문 대학에 진학시킬 꿈을 가지고 있었습니다.

아버지는 너그러웠으나 어머니는 신경질적이고 엄격하여, 특히 이 학생이 두 살 때부터 글자와 산수, 피아노, 영어 등을 가르쳤습니다.

학생 자신은 "초등학교 때에는 아무리 공부를 많이 해도, 아직 모자란다, 이 정도로는 일류 대학에 못 들어간다고 매일 밤 엄마한테 야단맞아서 밤이 되면 무서웠다"고 합니다.

중학교 2학년이 되어 반항기에 접어들면서 학생은 엄격한 어머니에게 자주 반발하여 갈등이 잦아졌습니다.

어머니가 "반항만 하는 너 같은 애는 차라리 죽이고 싶구나" 하며 꾸짖자, "엄마가 날 죽인다면 나도 엄말 죽일 거야" 하고 대들었습니다.

경과 │ 중학교 3학년 12월, 처음 상담소를 찾아 그린 것이 바로 〈그림 44〉입니다.

그림에는 막다른 곳까지 몰린 괴로움이 잘 나타나 있습니다. 가슴의 강조된 선을 보고 자살하려는 생각을 가진 것이 아닐까 하는 추측도 해보았습니다(이 추측은 고등학교 1학년 5월에 현실로 나타났습니다).

어쨌든 어머니와 딸 모두의 마음을 안정시키기 위하여 상담을 통한 불안 제거에 힘썼습니다.

당시는 자녀가 금속 방망이로 부모를 살해한 사건이 연이어 발생한 무렵이어서 걱정했습니다만, 이 학생은 무사히 중학교를 졸업했습니다.

죽고 싶어요!

고등학교 1학년 여자

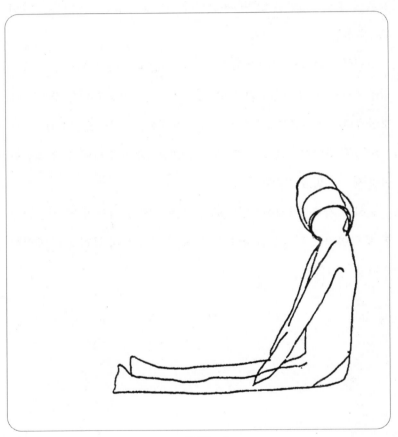

〈그림 45〉

• **얼굴** 얼굴을 그리지 못해 몇 차례 다시 그렸습니다. 죽고 싶다는 것은 이 세상을 떠나고 싶다, 대인 관계를 끊고 싶다는 말입니다. 따라서 대인 관계를 나타내는 얼굴의 세부나 손은 그릴 수 없습니다.

• **오른쪽 아래** 인물의 위치가 종이의 오른쪽 아래입니다. 이곳은 인간 상징론에 따르면 퇴폐, 패배(흙에 대한 향수), 단절을 의미하며, 여간해서는 그리지 않는 위치입니다.

• **균형** 바닥에 앉아 있는 인물은 안정감이 없음을 나타냅니다.

증상 │ 무사히 중학교를 마치고 고등학교에 진학하여 모처럼 심기일전했나 싶었는데, "죽고 싶어, 죽어 버리고 싶어" 하는 것이었습니다. 어머니는 걱정으로 밤잠을 제대로 이루지 못했습니다.

이 그림은 그 때 그린 인물화입니다. "이제 아무래도 좋아. 죽어도 괜찮아" 하는 기분을 전체적으로 느낄 수 있습니다.

다음에 나오는 수목화도 그 때 그린 것입니다.

마음의 신호 │ • **나무** 종이 중앙에 그렸습니다만, 땅을 그리지 않아 안정감이 없습니다.

• **가지** 내향성을 의미하는 위치인 왼쪽에 하나만 그렸는데, 잎도 열매도 없어 마치 고목 같습니다.

• **줄기** 끝이 꺾여 있어 현재 상심한 상태임을 말해 줍니다. 꿈도 희망도 사라져 버린 그림으로, 인물화와 똑같은 의미가 표현되어 있습니다.

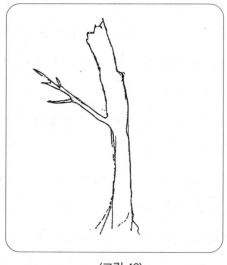

〈그림 46〉

그럼, 이 학생이 죽고 싶을 정도의 고민이란 과연 무엇일까요? 우선 학교의 특별 활동이 상당히 큰 부담이 되었습니다. 자신의 역할과 책임을 생각하고 괴로워했습니다. 여기에 어머니에게 매달리고 싶은 마음과 어머니를 거부하는 마음 사이의 갈등이 복잡하게 얽혔습니다.

상담 후 "죽고 싶다"는 말은 하지 않게 되었으나, 마음은 여전히 안정을 찾지 못하고 가끔씩 학교를 빠졌습니다.

갓난아기로 되돌아가고 싶어!

고등학교 1학년 여자

〈그림 47〉

•**균형** 인물이 왼쪽 아래에 그려진 것은 퇴행 현상을 나
타내며, 갓난아기로 되돌아가고 싶어하는 마음을 나타냅니다.

•**일곱 개의 원** 인물이 일곱 개의 원으로 둘러싸인 것은 자궁 회귀 소망
으로 여겨집니다.

•**눈·배꼽** 인물이 앞의 예보다 유치하며, 감은 눈, 배꼽 등의 표현은 태
아를 연상시킵니다.

이 그림은 고등학교 1학년 6월, 계속 학교를 빠지게 된 무렵에 그
린 인물화입니다. 5월경 죽고 싶다며 괴로워했으나, 실제로 그러진 않
았습니다. 등교 거부는 가정 문제와 교우 문제 때문이었는데, 학교에 가
고 싶어도 갈 수 없는 심정이었을 것으로 추측됩니다.

이 학생은 어머니의 태내로 되돌아가려는 것입니다.

사례 30

어머니에 대한 의존

고등학교 1학년 여자

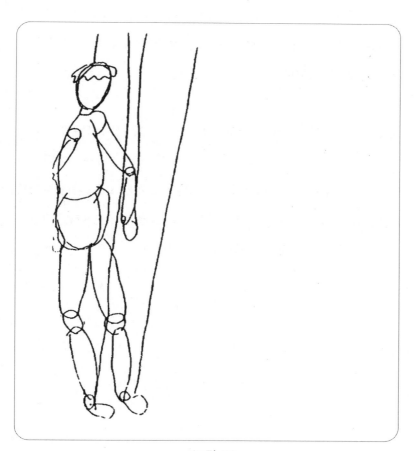

〈그림 48〉

• **균형** 인물이 왼쪽 아래에 그려진 것은 내향성을 나타

냅니다.

• **인형 그림** 이 인물은 사람이라기보다는 꼭두각시 인형에 가깝습니다.

꼭두각시 인형은 각 관절에 끈을 매고 이 끈으로 조종합니다. 즉, 이 그

림은 관절을 강조한 것인데, 관절을 강조한 그림은 대부분 어머니에 대

한 의존을 나타냅니다. "너무 나무라지 말아요. 사랑해 줘, 도와줘요"

하고 호소하는 것입니다.

〈그림 47〉과 형태는 다르나 애정을 바란다는 점에서는 같습니다.

이 학생은 "아버지는 완고하고 상식이 없어 싫고, 엄마는 엄하긴 해도

잘 통하니까 좋다"며, 어머니에 대한 의존을 강하게 보였습니다. 어머니

는 이제까지의 가정 교육을 깊이 반성하고 "오늘부터는 무리한 요구를

하지 않고 푹 쉬게 하겠습니다"라고 했습니다.

사례 31

부모 자식 사이가 안좋다

초등학교 1학년 남자

〈그림 49〉

• 엄마와 나 어머니는 식사 준비로 파를 썰고 있고, 자신은 전철 안에서 놀고 있는 모습입니다.

• 뒷모습 어머니와 아들 모두 등을 뒤로 돌린 모습은 마음의 교류가 이루어지지 않은 상태를 말합니다.

• 칼 어머니가 쓰는 부엌칼은 아이들에게는 무서운 것, 어머니에 대한 두려움을 나타냅니다.

• 아이와 레일 아이가 철도 레일로 된 동그라미 속에 그려져 있습니다. 부모와 자식 사이의 유대가 끊긴 냉랭한 가정을 벗어나 안락한 어머니의 태내로 돌아가고 싶은 소망을 느끼게 합니다.

증상 │ 아이의 할아버지는 세 살 때 사망했고, 가장 잘 돌보아 주었던 할머니도 다섯 살 때 사망, 그리고 아버지는 여섯 살 때 병원에서 사망하여 현재는 어머니와 단둘이 살고 있습니다.

어머니는 "집에 돌아오자마자 친구 집에 놀러가 버리고, 학교에 대해서 한마디도 하지 않아요. 부모 자식 같지 않아요. 뭔가 이상해요" 하고 말합니다.

가족화를 보면 그런 차가움이 느껴집니다. 어머니는 또 "저는 원래 아이를 좋아하지 않아요. 의무감에서 보살펴 왔습니다. 아빠처럼 아이가 된 기분으로 놀아 주지 못해요. 빨리 자립시키고 싶어요" 하고 말했습니다.

지금까지 어머니는 직장 일로 아이를 거의 돌보지 못했고, 할머니가 모든 것을 맡아 해 왔습니다.

아버지는 몸이 약해 줄곧 병원 생활을 했는데, 아이가 문병을 가면 잘 놀아 주었다고 합니다.

그런 할머니와 아버지가 차례로 돌아가시자, 아이는 큰 충격을 받았습니다. 게다가 아이를 싫어하는 어머니는 의무감으로 아이를 보살폈고, 당연히 서로의 마음은 통하지 못했습니다.

__경과__) 어머니에게는 모자 관계가 안 좋은 이유와 그 상태의 근본적인 원인을 설명하고, 몸과 마음의 일치가 얼마나 중요한지 깨닫게 했습니다. 구체적으로는 먼저 나서서 대화를 이끌 것과 신체적 접촉, 특히 아이와 함께 잘 것을 권했습니다.

아이가 그린 가족화에는 그런 바람이 자궁 회귀 소망의 형태로 잘 묘사되어 있습니다. 그 이후의 경과는 알려지지 않았으나, 어쨌든 부모 자식 간의 유대감 회복은 너무나 절실한 것입니다.

응석받이

초등학교 5학년 남자

〈그림 50〉

• **머리** 머리가 신체의 반이나 차지합니다. 퇴행 현상을 보이며, 전형적인 응석받이의 모습입니다.

• **눈** 동그랗고 작은 눈은 유치함을 나타내며, 역시 퇴행 현상을 의미합니다.

• **손** 팔과 손이 없는 것은 원만치 못한 대인 관계와 소극성을 나타냅니다.

• **발** 발이 없는 것은 안정감이 부족함을 나타냅니다.

• 인물 전체의 윤곽을 두 겹으로 그린 것은 원으로 둘러싼 경우와 마찬가지로 자기 방어와 자궁 회귀 소망을 나타냅니다.

증상 이 아이의 가족은 부모와 형, 남동생을 포함해 다섯 식구입니다. 어머니에 대한 어리광이 심해 몸에 밀착하거나 어머니의 옷을 입기도 하고, 최근에는 어깨가 결린다며 주물러 달라고 하는 경우가 많습니다. 학교에서는 소극적이어서 방관자적 태도를 보입니다. 성적은 보통입니다.

이 아이가 처음에 그린 인물화 〈그림 50〉에는 그 특징이 말해 주듯이, 아이 행동의 원형이 그대로 나타나 있습니다.

어머니는 신경질적인 성격으로 세세한 것에 이르기까지 주의를 주었고, 아이의 마음에는 이에 대한 거부감과 의뢰심이 교차하고 있었습니다.

연상어(聯想語) 테스트에서는 '엄마→화 잘 내기→싸우기를 좋아함→무섭다→악마→나쁘다→파마' 라고 적었습니다. 아이가 때때로 어깨를 움직이는 것은 언뜻 장애(신체 근육의 일부, 주로 얼굴 부위에 비정상적으로 일어나는 경련) 같기도 합니다만, 어깨가 결린다며 어머니와 접촉하려는 일종의 구실로 보입니다.

경과 | 열한 번의 상담을 실시하여 자립심과 적극성을 키우고자 노력했습니다. 다음 그림은 치료 5개월 뒤에 그린 인물화입니다.

〈그림 51〉

처음과 비교하면 전체의 균형이 좋아졌고, 손발을 모두 그렸습니다. 적극성이 행동 면으로도 나타났습니다. 그러나 어깨에서 머리에 이르는 윤곽선은 아직 강조된 채입니다.

의존성은 줄었으나, 밤이 되면 어깨 결림을 호소한다고 합니다.

응석받이

중학교 1학년 남자

〈그림 52〉

마음의 신호 | 앞의 그림은 언덕 위에서 자고 있는 모습이라고 합니다.

- **얼굴** 얼굴을 그리지 않은 것은 대인 관계의 거부, 즉 누구와도 만나고 싶지 않은 마음을 나타냅니다.
- **손가락** 꽃잎 모양의 손가락은 유치함과 의뢰심을 나타냅니다.
- **팔** 수평보다 위로 든 팔은 흥분을 나타냅니다.
- **다리** 다리를 벌린 자세는 안정감이 없음을 나타냅니다.
- **위치** 동그라미 안의 인물은 자궁 회귀 소망을 나타냅니다.

증상 | 초등학교 시절, 아버지의 전근으로 세 번 정도 전학했습니다. 그때마다 학교에 가기는 싫었지만 계속해서 쉰 적은 없었는데, 중학교에 들어간 해 6월 무렵부터 복통과 두통을 호소하며 결석하기 시작, 10월 무렵부터 계속해서 빠지기 시작했습니다.

이 학생은 아침 운동을 싫어했습니다. 가정이 복잡하고 항상 어머니로부터 떨어지지 않는 것으로 보아 분리 불안형 등교 거부로 판단됩니다. 상담은 도중에 중단되었고, 그 후의 사정은 알려지지 않았습니다.

말이 더딘 아이

네 살 여자

〈그림 53〉

마음의 신호 • **얼굴** 분홍색으로 얼굴을 그리고 나서 그 주위를 두 가닥의 빨간색 선으로 둘러쌌습니다. 색을 바꾸어 두 겹으로 그린 동그라미는 얼굴의 윤곽이 아니라 신체를 둘러싼 것으로 보이며, 따라서 자궁 회귀 소망이라 할 수 있겠습니다.

• **입** 눈과 코에 비해 입이 강조되었습니다. 입의 강조는 식사 문제, 대인 관계, 언어 문제, 성적인 문제 등 여러 가지 의미를 갖는데, 여기서는 말하고 싶어도 말할 수 없는 언어와 대인 관계(접촉 요구)에 대한 고민을 나타냅니다. 이 나이에는 보통의 지능이라면 얼굴에 팔다리가 달린 두족인(頭足人)을 그리는데, 이 아이의 경우 지능은 높지만 그림을 그리지 못합니다. 역시 퇴행 현상이라 할 수 있겠습니다.

증상 곧 네 살이 되는데도 말이 아주 더딥니다. 간혹 말을 해도 한두 마디에 지나지 않습니다. 지능은 정상이고, 지시도 잘 따라 했습니다. 두 살 때 말이 나오지 않아 전문의에게 진찰을 받았는데, 이상은 없었다고 합니다.

가족은 부모·오빠(초등학교 6학년)·언니(초등학교 4학년)·할머니·할아버지 일곱 식구이고, 부모가 모두 공무원으로 바빠 주로 할머니, 할아버지가 아이를 보살폈습니다. 부모는 오빠·언니가 모두 우수하고 아무 문제 없이 잘 다니므로 아이도 학교에 다니기 시작하면 좋아지겠지 하고 그다지 걱정하지 않았다고 합니다.

할머니, 할아버지의 말에 따르면, "부모가 위 손자는 잘 보살펴 주었는데, 나이가 들고 일에 쫓기다 보니 이 애한테는 신경을 쓰지 못했다"고 합니다. 결국 이 아이는 집에서는 거의 상대 없이 혼자 놀았던 것입니다.

이에 대한 욕구 불만은 태내로의 회귀 소망으로 이어졌고, 그 심층 심리가 그림으로 표현된 것이라 하겠습니다. 가족에게는 아이를 대하는 방법을 개선하도록 권했는데, 이 경우 역시 사랑과 이해에 굶주린 한 아이의 사례라 할 수 있겠습니다.

다음 〈그림 54〉는 같은 나이의 남자 아이가 그린 그림으로, 일반적인 두족인의 모습입니다.

〈그림 54〉

사례 35

도벽

초등학교 6학년 남자

〈그림 55〉

• **눈** 눈의 강조는 두려움과 불안을 나타냅니다.

• **코** 큰 코는 축농증 때문입니다.

• **단추** 단추가 줄지어 달려 있는 것은 정서적으로 퇴행하고 있음을 나타냅니다.

• **소매** 소매의 단추는 강박적인 의존성을 나타냅니다.

• **주머니** 주머니를 강조하는 것은 유치하고 의존적인 사람에게서 볼 수 있는데, 재산을 숨겨 놓은 장소라는 의미 또는 감정적·물질적 결핍의 의미가 있습니다.

• **버클 강조** 어머니에 대한 의존을 나타냅니다.

• **어깨** 빈약한 어깨는 열등감을 나타냅니다.

• **손톱** 손톱의 강조는 반발심을 나타냅니다.

증상 │ 가족으로 부모와 여동생이 있으나, 부모는 일이 바빠 아이를 거의 방치했습니다. 물건을 훔치는 버릇은 어릴 때부터 시작되었습니다. 얼핏 눈에 띈 물건이나 돈에 손을 대기 시작했고, 고학년이 되자 그 횟수도 점점 늘어났습니다. 중학생한테 협박을 받아 집에서 돈을 훔친 적도 있습니다.

아이의 도둑질 대상은 돈이 아니라 사실은 애정이라는 말이 있습니다만, 이 아이도 예외는 아니었습니다.

경과 | 인물화의 특징을 보아 알 수 있듯이, 정서적 퇴행과 어머니에 대한 강한 의존성, 애정의 요구 등이 표현되어 있습니다. 부모에게는 되도록 아이와의 대화나 접촉 시간을 오래 갖도록 지시했습니다. 상담을 계속한 지 6개월 만에 아이의 도벽은 사라졌습니다.

아이가 그린 수목화에도 인물화와 마찬가지로 여러 가지 고민이 표현되어 있습니다.

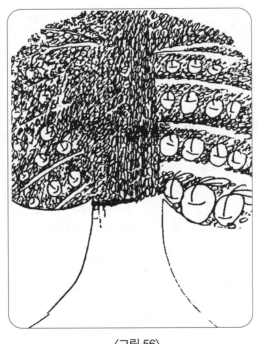

〈그림 56〉

156

마음의 신호 • **잎** 층을 이루며 쌓인 잎은 적응력 부족과 수집벽을 나타냅니다.

• **수관** 위에서 밑으로 늘어진 주머니 모양의 수관에서 약한 마음을 엿볼 수 있습니다.

• **밑동** 넓은 밑동은 금지와 억제를 나타내며, 커다란 과일은 욕망을, 툭 불거져 나온 수관부는 말 그대로 불거진 행동을 나타냅니다.

사례 36

우울증

마흔여섯 살 성인 남자

〈그림 57〉

• **전체** 인물상이 전신 측면으로 그려진 경우는 뒷모습보다는 덜하지만 도피적 경향을 나타냅니다.

• **귀** 귀가 없는 것은 듣고 싶지 않은 심정을 나타냅니다.

• **목** 목을 생략한 것은 퇴행을 나타냅니다.

• **손** 뚜렷하지 않은 손은 대인 관계와 사회성에 문제가 있음을 말합니다.

• **다리** 다리를 벌린 각도(40도)가 넓은 것은 안정감의 결여를 나타냅니다.

• **윤곽선뿐인 인물** 자신을 명확히 나타내기를 싫어하는 사람입니다.

이전에는 건강했고 기력도 좋았으나, 회사 문제에 휘말린 다음부터 '우울증(마음의 억압, 의욕 저하, 침울한 표정, 사고력과 행동력의 저하 또는 완만화 등의 상태)'에 빠져 여름에 입원했다가 10월에 퇴원한 뒤 주 1회 통원 치료를 받았습니다.

그러고 나서 얼마 지나지 않아 어머니가 감기로 입원하자, 지나친 걱정 탓에 다시 상태가 심해졌습니다. 낮에 한 시간쯤 자고 밤에는 잠을 못 이루어 수면제를 복용해야 했습니다. 지금은 휴직 중인데, 복직 문제, 어머니에 대한 걱정 등으로 상태가 좋지 않아 "머리가 아프다"라든가 "죽으면 편해지겠지" 하는 말을 합니다.

다음 그림은 이 사람이 맨 처음 그린 수목화입니다.

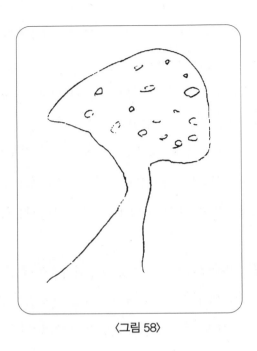

〈그림 58〉

마음의 신호 • **땅** 땅이 없는 것은 안정감이 없음을 말합니다.

• **줄기** 줄기 밑동 왼쪽의 퍼진 부분은 과거에의 집착과 어머니와의 밀접한 관계, 즉 어떤 것에 고착하여 떨어지지 못하는 상태를 나타냅니다.

• **대롱 모양의 줄기** 결정 또는 기력이 없음을 나타냅니다.

• **위치** 수관의 왼쪽 아래 공백 부분은 부전감(不全感) 또는 심적 공간을 나타냅니다.

• **수관** 수관 속의 열매는 말이 없음을 나타냅니다.

경과 담당 의사와 연락하여 약물 요법용 약을 줄이고 심리 치료를 실시한 결과, 서서히 좋아져 한 달 뒤 의사로부터 "아주 좋아졌어요. 75%는 좋아졌어요"라는 말을 듣고는 기뻤습니다. 이후 잠 안 올 때 먹는 수면제를 빼고는 약을 먹지 않았습니다. 그 뒤의 경과는 순조로웠고, 인물화·수목화도 눈에 띄게 달라졌습니다.

〈그림 59〉

〈그림 59〉는 심리 요법(최면 요법) 개시 한 달 뒤에 그린 그림입니다.

인물은 앞모습이며, 손가락도 조금 그렸습니다. 옷도 그려 크게 달라진 모습을 보입니다. 그러나 웃옷을 검게 칠해 아직은 (복직에 대한) 불안함을 보입니다.

허리띠의 버클은 V자 꼴로 그렸습니다. 이것은 어머니와의 관계(모자 분리 불안)를 나타내며, 조사 결과 자궁 회귀 소망임을 알았습니다. 최근에는 어머니 곁에 달라붙어 "도와줘요, 도와줘요" 하고 말한다고 합니다.

〈그림 60〉은 앞의 인물화와 같이 그린 수목화입니다.

〈그림 60〉

줄기는 평행하게 그렸으나, 밑동은 비스듬하게 그렸습니다.

나무 전체가 오른쪽으로 기울어져 감수성과 불안감을 느끼게 합니다.

또, 수관부의 왼쪽을 강조하여 내성적이고 주의심이 깊다는 사실을

162

〈그림 61〉

알 수 있습니다.

　〈그림 61〉은 치료 두 달 뒤의 그림으로, 얼굴의 세부가 바르게 그려져 있습니다. 이것은 대인 관계에 자신이 생겼다는 사실을 의미합니다. 옷도 뚜렷이 그려 자연스러워졌고, 손가락도 분명해졌습니다. 의사도 복직을 허락하였고, 이제 정신적으로도 안정된 상태입니다.

　〈그림 62〉는 앞의 인물화와 동시에 그린 것입니다.
　나무를 종이 가운데에 거의 똑바로 그려 안정된 모습을 보입니다만,

아직 땅은 그리지 않았습니다.

줄기의 오른쪽 선이 조금 불규칙하여 과거의 갈등의 흔적을 엿보게 합니다. 수관부는 평평하여 부전감을 보이나, 좌우 균형은 잘 이루어졌습니다. 가지는 두 가닥의 선으로 그렸고 거의 정상입니다만, 왼쪽 가지는 삐져 나갈 정도로 굵게 그려 활력과 충동을 느끼게 합니다. 심리 요법은 사정상 일곱 번 만에 중지되었습니다.

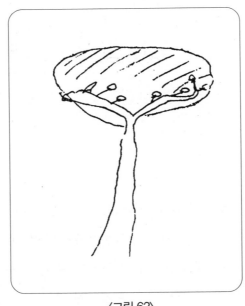

〈그림 62〉

6 장

함묵어, 말을 하지 않는 아이

함묵(緘默)이란 말을 하지 않는 상태를 말합니다. 구음근(構音筋)이 마비된 것도 아니고 실어증도 아니면서 입을 열지 않는 상태로서, 여러 가지 장애가 원인이 되어 일어납니다. 일반적으로는 심인성인 것을 함묵이라고 합니다.

함묵에는 집에서나 밖에서나 일절 말하지 않는 완전 함묵과, 집에서는 말하고 다른 장소에서는 말하지 않는 부분 함묵이 있는데, 후자의 경우가 더 많습니다. 대부분은 집에서는 말을 하지만, 학교에 가면 말하지 않는 경우입니다.

이런 함묵 상태의 아이에게는 무리하게 말을 시키면 안 됩니다. 시간을 두고 서서히 불안을 제거하는 것이 중요합니다. 그러기 위해서는 아이가 학급 또는 다른 장소의 분위기에 융화될 수 있도록 심리적인 해방감을 만들어 주는 데에 심혈을 기울여야 합니다.

그 다음으로 마음 편하게 대화를 나눌 수 있는, 될 수 있으면 아주 닮은 친구와 접할 수 있는 기회를 만들어 주어 자연스럽게 놀이와 학습을 할 수 있게 해 주면 이상적이겠습니다. 자신이 생기면 차차 모두와 이야기하게 됩니다. 어쨌든 조급한 마음에 아이를 심하게 꾸짖지 않도록 주의해야 하겠습니다.

아이들 중에는 함묵은 아니지만 목소리가 너무 작아 거의 들리지 않는 아이도 있습니다. 또, 소리가 들리기는 해도 여간해서는 입을 열지 않고 가끔 한마디씩 하는 아이도 있습니다.

이 아이들은 일반적으로 '말수가 적은 아이'로 불립니다. 말수가 적은 아이는 특별히 언어에 장애가 있는 것은 아니며, 심리적인 면에서 약간의 열등감을 가지고 있거나 신체적인 문제를 안고 있는 경우가 대부분입니다.

야뇨증에 걸린 어느 아이는 기운도 없고 수업 중에 손을 드는 적도 없었는데, 야뇨증이 나음과 동시에 놀랄 정도로 건강해져 이제까지의 말수 적은 모습과는 완전히 달라진 경우도 있습니다.

말을 하지 않는 아이나 말수가 적은 아이 모두 말을 하고 싶으면서도 하지 못하는 것이므로, 각각의 아이를 바르게 이해하고 신중하게 다루는 태도가 중요합니다. "기운 차려"라든가 "큰 소리로 말해"라고 꾸짖는 것은 금물입니다.

사례 37

집에서는 말해도 밖에서는 말을 못하는 아이

초등학교 3학년 여자

〈그림 63〉

• **머리** 커다란 머리는 퇴행을 나타냅니다.

• **입** 집에서는 활기차게 말하므로 입은 평범하게 그려져 있습니다.

• **손** 팔과 손이 없는 것은 대화가 되지 않아 대인 관계가 원만하지 못하기 때문입니다.

• **발** 발이 없는 것은 안정감이 없음을 말합니다.

• **윤곽** 신체 윤곽선의 끊긴 곳은 치솟는 감정의 분출구로 보입니다.

증상 │ 초등학교 1학년 때 전학한 것이 영향을 미쳤는지 3학년이 되도록 말을 하지 못했습니다. 3학년 담임 선생님은 사려 깊은 분으로 적극적으로 협력해 주었습니다. 온순하고 학급에서 가장 말수가 적은 아이 옆에 앉히고, 자그마한 장점이라도 모두 앞에서 칭찬해 주도록 부탁했습니다. 부모도 협조적이어서 아이가 자신감을 갖게 하는 데 협력해 주었고, 매달 3~4회 심리 치료를 받으러 왔습니다.

경과 │ 3개월쯤 지나 "네"라는 대답을 할 수 있게 되었고, 10월이 되자 소리 내어 책을 읽을 수 있게 되었습니다. 그리고 마음이 통하는 친구와는 조금씩 말을 하게 되었습니다.

그 뒤 자신감이 생기면서 적극성을 띠어 2학기 말 학예회에서는 연극에 참가하기도 했습니다. 그 때, 이 아이는 "나도 대사를 외우게 해 주세요" 하고 신청하여 그 역을 훌륭하게 해냈다고 합니다.

이 아이가 대인 관계의 폭을 넓혀 가는 데에는 상당히 많은 시간이 필요했습니다만, 중학교에 다닐 무렵이 되자 거의 정상이 되었습니다.

아래 그림은 치료를 시작한 지 반 년 뒤에 그린 것인데, 처음과 비교하면 상당히 좋아졌음을 알 수 있습니다.

〈그림 64〉

집에서는 말해도 학교에서는 말하지 않는다

중학교 1학년 여자

〈그림 65〉

마음의 신호 | • **머리카락** 머리카락의 강조는 여성다움을 나타내며, 성적 의미를 갖습니다.

• **눈** 눈을 강조한 것은 시력이 약함을 나타냅니다(이 학생은 오른쪽 1.5, 왼쪽은 난시이고 0.6).

• **어깨** 둥근 어깨는 온순한 성격을 나타냅니다.

• **손** 손을 숨긴 것은 대인 관계에 조심스러움을 나타냅니다.

증상 | 다섯 살 때 놀이방에 입학했는데 처음에는 가고 싶어하지 않았지만, 선생님의 요구로 억지로 다녔습니다. 함묵의 이유는 알려지지 않았고, 놀이방 입학 이후 계속되고 있습니다. 집에서는 말을 하나, 놀이방과 학교에서는 말하지 않았습니다. 현재는 전화할 때나 자기와 관계 없는 사람과는 말을 합니다. 또 학교에서는 목소리는 내지 않아도 친구와 놀기도 하고, 때로는 까불기도 합니다.

학교 성적은 상위이고, 특별히 다른 문제는 없습니다. 함묵의 원인은 아직 명확하지 않지만, 놀이방 입학 때의 불안이 그 동기라고 생각합니다.

경과 | 중학교 1학년 7월 이후 심리 치료를 시작했습니다. 주된 변화는 다음과 같습니다.

• **1학년 9월** 명랑해짐.

• **1학년 10월** 친구가 "건강해졌다"고 말해 줌.

- **1학년 11월** 발표회에서 피아노를 침.

- **1학년 12월** 친구가 "전과 달라졌다"고 말해 줌.

- **2학년 4월** 학급 재편성을 걱정함.

- **2학년 9월** 방어적 태도가 사라짐.

- **3학년 1월** 학교 담당 의사와 말을 함.

- **3학년 3월** 집에서도 전보다 말을 잘 하게 됨.

- **3학년 4월** 학급이 바뀌었으나 명랑하게 등교함.

- **졸업년도 2월** 고등학교 입시에서 구두 문답 시험에도 합격함.

중학교 3학년 때 그린 아래 그림에는 손도 약간 그려져 있습니다.

그 후, 치료는 순조롭게 진행되어 고등학교에 들어가서는 학교에서도 친구와 말을 나누게 되었습니다.

〈그림 66〉

사례 39

집에서도 밖에서도 말하지 않는 아이

초등학교 4학년 ~ 중학교 1학년 여자

〈그림 67〉

마음의 신호 ｜ • **머리** 큰 머리는 퇴행 현상을 나타냅니다.

• **눈** 검고 큰 눈은 두려움과 불안을 의미합니다.

• **입** 입은 작고 조금 위로 비뚤어졌습니다. 꼭 다문 입은 말하지 못하는 상태, 위로 비뚤어진 입은 수동적인 심리를 나타냅니다.

• **팔** 몸에 밀착된 팔은 긴장감을 나타냅니다.

• **손가락** 손가락이 짧아 대인 관계가 좋지 못함을 나타냅니다.

• 다리와 발을 그리지 않은 것은 안정감이 없음을 말합니다.

증상 ｜ 생후 16개월 때 어머니가 병으로 사망했습니다. 말수가 적기는 했으나, 네 살 무렵까지는 말을 했습니다.

다섯 살 때 재혼한 아버지가 "오늘부터 이 분을 엄마라고 부르거라"라고 했으나, 아이는 그렇게 부르지 못했습니다. 아버지에게 혼 난 아이는 그 후 누구와도 말을 하지 않았으며, 이른바 완전 함묵아가 되었습니다.

경과 ｜ 초등학교에서 공부는 보통이었습니다. 그러나 집에서나 밖에서나 침묵 상태가 계속되자 4학년 겨울에 상담하러 왔는데, 무슨 말을 걸어도 무표정했습니다. 앞의 인물화는 그 때 그린 최초의 그림으로, 불안 그 자체입니다.

그 후 매달 3~4회 상담을 했는데, 새어머니는 밝고 깊은 애정을 가진 분으로, 3년 동안 아이를 열심히 데리고 다녔습니다. 2년 반 지나 감각적 표현의 중심인 눈을 가까스로 정상적으로 그리게 되었습니다만, 입은 다문 채였습니다.

그러나 표정은 부드러워졌고, 미소를 지으며 고개를 끄덕이기도 했습니다. 아이는 작문 속에서 "말하고 싶어. 목소리가 목구멍까지 나왔다가 거기서 멈춰 버려"라고 썼습니다. 그로부터 반 년 뒤 아이는 우연한 기회에 "아니"라고 대답하면서 술술 말하게 되었습니다. 그 때가 중학교 1학년 말 무렵이었습니다. 아래 그림은 아이가 정상적으로 말하게 되고 나서 그린 인물화입니다. 입을 아주 예쁘게 그렸습니다.

〈그림 68〉

7장

정서 장애아

일본에서 정서 장애아라는 말은 32년 전인 1961년 아동복지법이 일부 개정되었을 때 처음 쓰였습니다.

정서 장애아란 가정이나 학교 안팎에서 일어나는 인간 관계의 감정적 · 정서적 갈등과 알력에 의해 발생하는 이상 행동을 말합니다. 구체적으로는 다음과 같은 것이 있습니다.

❶ 내향성 기질, 소심함, 고독, 함묵, 등교 거부 등과 같은 비사회적 행동을 보이는 것.

❷ 도벽, 이지메, 학업 태만 등과 같은 반사회적 행동을 보이는 것.

❸ 야뇨증, 손톱 물어뜯기, 틱 장애(190쪽 참조), 말더듬 등과 같은 신경성 습관을 보이는 것.

여기서는 신체적 · 지능적 결함이 있거나 기질적(器質的) 질병이 있는 경우는 제외했습니다. 이들 행동은 단독으로 일어나기도 하고, 두세 가지가 중복된 형태로 일어나기도 합니다.

정서 장애아에 대한 대응

그렇다면 정서 장애아는 어떤 식으로 대응하면 좋을까요? 학교의 경우, 정서 장애아 학급이 따로 마련되어 있기도 하지만, 그 수가 적고 전반적으로 자폐증 또는 자폐성 경향의 아동들이어서 한계가 있으므로, 정서 안정을 꾀하면서 행동 양식을 바꾸는 데 노력하고 있습니다.

다음은 정서가 불안정한 아이를 대하는 몇 가지 핵심적인 방법입니다.

정서 장애아의 문제성 행동에는 각각 특색이 있는데, 전반적으로 침착하지 못하며 기본적 요구 사항이 결여되어 있습니다.

첫째, 근본 원인 알기

아이가 요구하는 애정이나 인정(認定)이 어떤 식으로 저지되고 있는지를 알아야 합니다. 무엇이 근본 원인이고, 무엇이 도화선인지를 이해해야 할 것입니다.

둘째, 아이의 행동을 그 즉시 꾸짖지 않기

원인을 파악하고 대응하면 막을 수 있지만, 현상만을 보고 막으려 하면 그 행동은 오히려 강해집니다. 예를 들어 '도둑질'의 원인이 애정 부족일 경우, 그냥 엄하게 꾸짖기만 하면 도둑질은 갈수록 심해질 것입니다.

셋째, 끈기 있는 지도

습관화된 상습적인 버릇이나 행동은 두세 번의 치료만으로 금세 낫지 않습니다. 야뇨증, 틱 장애, 도둑질, 등교 거부 등은 모두 시간을 두고 끈기 있게 지도해야 합니다. 엄하게 꾸짖으면 일시적으로 좋아진 것처럼 보일지 모르지만, 나중에 더욱 정도가 심해진 상태로 나타나기도 합니다. 강압적인 방법을 써서는 결코 좋아지지 않습니다.

도둑질, 난폭한 행동, 야뇨를 하는 아이

초등학교 2학년 남자

〈그림 69〉

• **입의 강조** 유아나 퇴행적인 사람에게서 많이 볼 수 있습니다. 인정받고 싶어하는 마음을 나타냅니다. 또한 성적인 의미를 가집니다.

• **둥근 어깨** 온순한 성격입니다.

• **짧은 팔** 내성적이고 소극적이며, 대인 관계가 좋지 않습니다.

• **짧은 손가락** 저학년이면 평범합니다.

• **굵은 선** 팔과 손, 발의 굵은 선은 관절을 강조한 것입니다. 어머니에 대한 의존 또는 성(性)과 관련이 있습니다.

• **서로 반대쪽을 향한 두 발** 양면성 가치 감정을 나타냅니다.

• **고르지 못한 발** 안정감이 없음을 나타냅니다.

야뇨증이 부정기적으로 있었고, 친구 집에서 장난감을 가지고 오는 등 도벽이 있으며, 주의를 주는 어머니에게는 난폭한 행동을 했습니다.

가족으로는 양아버지와 친어머니, 태어난 지 3개월밖에 안 된 동생이 있습니다. 양아버지는 아이와 거의 말을 나누지 않았고, 아이를 거부하는 태도를 취한데다가 거칠게 다루었습니다. 밤에 오줌을 싸면 심하게 벌을 주었으므로, 아이는 양아버지를 두려워하면서 복종했습니다.

어머니도 친아들이지만 남편에 대한 체면상 아이를 꾸짖기만 했으므로, 애정과 이해에 굶주린 아이는 그 욕구 불만을 어머니에게 터뜨려 난폭한 행동을 한 것으로 여겨집니다. 즉, 아이의 야뇨증과 도둑질, 난폭한 행동은 사랑해 주지 않는 양아버지와 어머니에 대한 불만이 반영되어 나타난 것입니다.

아이는 자기 전에 "나는 좋지 않은 아이니까 이걸로 날 죽여" 하며 어머니에게 식칼을 건네 주기도 했습니다.

아이가 그린 인물화에는 그와 같은 고민이 잘 나타나 있습니다.

아이는 원래 온순했습니다. 둥근 어깨가 그것을 말해 줍니다. 어머니에 대한 의뢰심은 강조된 관절을 통해 알 수 있습니다.

'난폭한 행동을 해서는 안 된다, 도둑질을 해서는 안 된다, 자면서 오줌을 싸도 안 된다' 고 아이는 생각하면서도, 엄격한 제재만을 받을 뿐 정작 받고 싶은 것(애정)은 받지 못해 마음의 딜레마에 빠졌고, 이것이 양면성 가치 감정을 이루어 반대 방향을 향한 양 발로 나타난 것입니다.

고르지 못한 발은 불안정한 마음을 나타냅니다. 어머니에게 난폭한 행동은 하지만 발끝이 둥근 것을 보아 그렇게 심하지는 않으며, 역시 본심은 의존하려는 마음인 것으로 보입니다.

아이가 적응하지 못하는 행동의 원형(진짜 원인)이 위와 같은 점에 있다는 사실을 부모가 바르게 이해하는 것이 가정 교육의 기본입니다. 아이가 지금 하는 행동은 표현형(표면적인 모습)에 지나지 않습니다.

왜 이런 행동을 하는지 마음의 신호를 통해 이해해야 합니다.

다음은 수목화를 살펴보겠습니다.

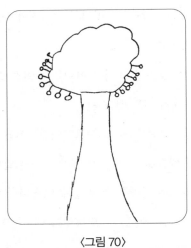

〈그림 70〉

마음의 신호) **•수관** 아케이드 형태의 수관은 겸손하고 정중함을 나타
냅니다.

•나무 열매 수관을 따라 난 열매는 야뇨증 아이에게서 흔히 볼 수 있
는 유형입니다.

•끊긴 선 줄기 왼쪽의 끊긴 선은 내성적이고 신경질적임을 나타냅니다.

•줄기 줄기 밑동 오른쪽의 퍼진 부분은 권위에 대한 두려움과 불신, 경
계를 나타냅니다.

•붓을 누른 정도 줄기 윤곽선의 붓을 누른 정도가 약한데, 이것은 의사
표현이 빠르고, 감정이 불안함을 나타냅니다.

아이의 야뇨증은 부정기적으로 가끔 일어나는 정도이고, 때로는 오줌
을 누려 일어나기도 해, 그 원인은 비교적 가벼운 심인성인 것으로 보입

184

니다. 혼났을 때, 안절부절못할 때, 정서가 불안정할 때 자주 실수합니다. 수관 주위의 열매는 전형적인 야뇨증을 나타냅니다.

아이는 때때로 "나도 다시 갓난아기가 되고 싶어" 하고 말한다고 합니다. 어머니 품에 안긴 의붓동생, 양아버지에게도 혼나지 않는 갓난아기를 부러워하며 하는 말일 것입니다.

줄기 밑동 오른쪽의 퍼진 부분은 엄격한 양아버지의 권위에 대한 두려움을 나타내는 것입니다. 상담해 본 바로는 침착하고 정직하며 예의 바른 아이였습니다. 그렇지만 속마음에는 경계심과 불안감이 깃들여 있을 것입니다.

이들 사항을 참작하여 야뇨증에 대해서는 일반적인 주의를 주었고, 도둑질과 난폭한 행동에 대해서는 "사랑을 훔치고 사랑을 찾고 있는 것이다"라고 말해 주었습니다. 야뇨증은 대부분 사랑을 찾는 행위라고 할 수 있습니다.

"나도 다시 갓난아기가 되고 싶어."

이 말이야말로 지금 아이가 바라고 있는 것의 전부라고 해도 지나치지 않을 것입니다.

"엄마, 날 죽여."

이 말 역시 아이가 한 말이라고는 생각할 수 없을 정도로 거짓이 없는 진실한 마음의 표현입니다.

아이가 그린 인물화에는 괴로움도 있지만, 어린아이다운 순진함이 그

아련한 미소 띤 얼굴에 나타나 있습니다.

　문제를 해결하는 길은 부모의 애정과 사려 깊은 대응에 있습니다. 상
담은 한 번밖에 안 하고 끝났으므로, 그 뒤의 경과는 알 수 없습니다.

목 흔들기, 헛기침하기

초등학교 3학년 남자

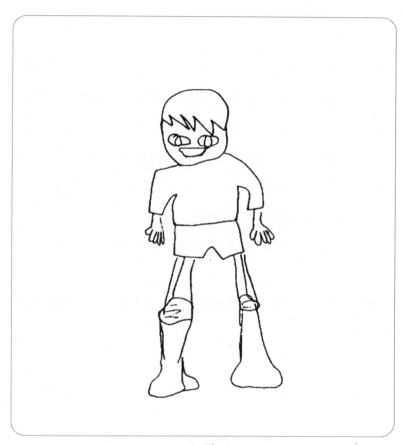

〈그림 71〉

• **눈동자가 없는 눈** 자기 중심적이고 다른 것은 보고 싶지 않다는 의미입니다.

• **목의 생략** 퇴행적이거나 지능이 낮은 사람에게 많습니다.

• **무릎** 관절의 강조는 어머니에 대한 의존, 성적 관계를 나타냅니다.

• **큰 발** 남자다움, 강한 힘을 나타냅니다.

유치원 때 이사를 하고 4개월 뒤부터 기묘한 행동을 하기 시작했습니다. 헛기침이 잦았고, 목이나 손발을 떨었으며, 손톱을 물어뜯기도 했습니다.

A의사는 뇌파를 검사하고 '간질'로 판명했고, B의사는 뇌파에 이상이 없다, C의사도 뇌파에 이상은 없으나 틱 장애로 보인다고 판정을 내렸는데, 별다른 조치를 취하지는 않았습니다.

눈은 아토피성 점막염이었으나, 그 밖에 특별한 신체상의 이상은 없습니다.

아이가 그린 인물화에는 퇴행적인 면과 어머니에 대한 의존성이 나타나 있습니다.

수목화에는 다음과 같은 점이 나타나 있습니다.

• **수관** 나선형의 수관은 오래 참지 못하는 성질, 지나친

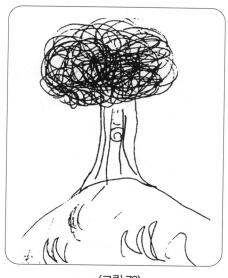

〈그림 72〉

움직임(손을 떨고 몸을 많이 떪)을 나타냅니다.

• **가지** 중심에서 방사상으로 뻗은 가지는 쉽게 영향받는 수동성과 퇴행을 나타냅니다.

• **윤곽** 줄기 오른쪽의 윤곽이 불규칙한 것은 적응성 부족과 심적 외상(外傷)의 체험을 나타냅니다.

• **줄기 중앙의 이중 원** 마음의 상처가 남긴 흔적입니다(네 살 무렵).

• **줄기 껍질의 줄무늬** 섬세함을 나타냅니다.

• **산꼭대기에 선 나무** 고립을 의미하며, 안정감이 부족함을 나타냅니다.

• **풀** 정서적인 것을 나타냅니다.

• **수관의 강조** 수관 왼쪽이 강조된 것은 내향성이어서 사소한 일에도 신

경을 쓰는 성격을 나타냅니다.

틱 장애는 근육이 마음대로 움직일 수 없는 상태에서 급격히 율동적
으로 반복하여 일어나는 증상으로, 그치려고 해도 좀처럼 그쳐지지 않
습니다.

구체적으로는 눈 깜빡임, 쿵쿵거리기, 소리를 내며 목·어깨·팔다리
를 움직이는 따위의 증상이 있습니다. 이 가운데 두 가지 이상이 함께 나
타나거나, 야뇨와 손톱 물어뜯기가 동시에 진행되는 경우도 있습니다.
성격의 특징으로는 침착성이 없고, 남 앞에 나서기를 꺼리고 제멋대로
이며, 완전함과 높은 수준을 요구합니다.

원인은 뇌파 이상이라는 설도 있습니다만, 아직 확실하지는 않습니
다. 그보다는 어떤 심리적 문제가 얽혀 발생하는 것이라는 심인론(心因
論) 쪽에 더 설득력이 있습니다.

어쨌든 틱 장애는 부모와 선생님의 교육이 지나치게 엄격할 때 일어
나기 쉬우며, 주의하면 주의할수록 증세가 심해지므로 아이가 의식하지
못하도록 배려해 주는 것이 지도상 중요합니다.

이 아이의 경우, 인물화와 수목화에 나타난 성격 특징이 틱 장애의 그
것과 아주 닮았습니다. 현재의 증상으로 보아 틱 장애로 보아도 좋을 것
입니다.

그러나 네 살 무렵에 일어났다는 증상의 경우는 주거지와 유치원이

쇼크의 동기라 할지라도 탁 장애로 단정할 수는 없습니다. 틱 장애는 여섯 살에서 열두 살 무렵에 일어나는 것으로서, 4~5세 미만의 신경성 운동은 일반적으로 틱 장애라 하지 않습니다.

경과 │ 아이의 틱 장애가 심인성인 것으로 판단되어, 다음과 같은 점에 주의하여 심리 요법을 실시했습니다.

• 부모나 가족은 아이의 이상한 행동을 보아도 주의를 주거나 억제하지 말 것. 학교 친구가 말하는 경우도 있으므로 담임 선생님에게도 부탁해 둘 것.

• 최면법을 이용한 심리 요법으로 불안감을 없애고, 정서의 안정을 꾀함.

8월에 치료를 시작하여 약 3개월 지나자, 증상은 거의 사라졌습니다. 상담 횟수는 아홉 번입니다.

• **8월 중순** 여전히 팔다리는 떨지만 소리는 내지 않았습니다.

• **8월 하순** 가끔 떠는 정도로 되었고, 손톱 물어뜯는 버릇은 사라졌습니다.

• **9월 중순** 가끔씩 손을 떨지만 헛기침을 하지 않았습니다.

• **10월 중순** 대부분의 증상이 사라졌고 간혹 나타나는 정도였습니다.

• **11월 초순** 대부분의 증상이 사라졌습니다.

〈그림 73〉과 〈그림 74〉는 치료 개시 두 달 뒤의 그림입니다. 또, 〈그림 75〉는 석 달 뒤의 그림입니다.

〈그림 73〉

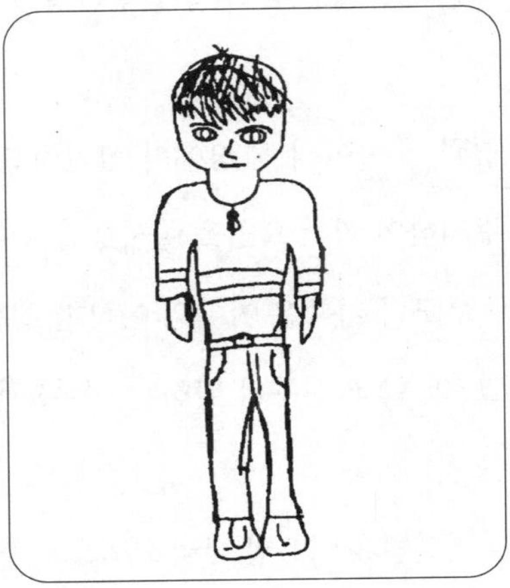

〈그림 74〉

〈그림 75〉

사례 42

목 흔들기, 눈 깜빡임

중학교 2학년 남자

〈그림 76〉

• **눈의 강조** 두려움과 불안을 나타냅니다(눈 깜빡임).

• **목의 강조** 충동심과 그것을 잘 억제하지 못하는 경우를 나타냅니다(목 흔들기).

• **넓은 어깨** 강한 것과 힘에 대한 욕구를 나타냅니다.

• **둥근 어깨** 온순한 성격을 나타냅니다.

• **등 뒤로 돌린 팔** 거부를 나타냅니다.

• **굵은 윤곽선** 도피와 방어를 의미합니다.

• **끊긴 선** 섬세함을 나타냅니다.

증상 │ 머리를 위아래로 흔들고 눈을 크게 깜빡거리는 버릇은 이전부터 있었으나, 중학교 2학년 7월 중순부터 갑자기 심해졌습니다. 초등학교 3학년 무렵에는 헛기침을 자주 했고, 코를 찡그리기도 했다고 합니다.

첫 상담 때는 손톱 물어뜯는 버릇도 보였습니다. 집에서는 명랑했고 학교에서도 활달한 편이어서 남들이 싫어하는 일도 나서서 했는데, 성적은 중하 수준이었습니다. 유아기 때부터 온순하여 반항기가 없었습니다.

다음 수목화는 이 학생이 맨 처음 그린 것입니다.

마음의 신호 │ • **수관** 각진 수관은 퇴행과 유아성, 신경증적 퇴행을 나타냅니다.

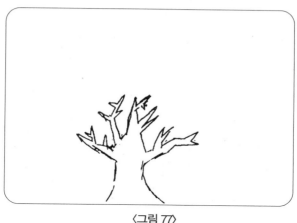

〈그림 77〉

• **줄기** 밑동 오른쪽의 퍼진 부분은 권위에 대한 두려움과 경계를 나타냅니다.

• **균형** 화면 왼쪽 아래에 그리는 것은 퇴행적 의미를 가집니다.

    이들 자료로 보아 이 학생은 유아 때부터 온순하여 반항기도 없었고, 권위에 대한 두려움과 경계심이 강하며, 엄격한 교육에 대해 도피적·퇴행적 태도를 보여 정서적으로 불안정해졌을 때, 틱 장애를 일으킨 것으로 보입니다.

경과 | 부모에게는 틱 장애와 그에 대한 대응책을 설명해 주고, 가능한 한 자유롭게 자랄 수 있도록 배려해 줄 것을 부탁했으며, 심리 요법을 9월부터 반년 동안 13회 실시했습니다.

〈그림 78〉

그 결과를 그림의 변화와 함께 살펴보겠습니다.

• **2학년 9월** 동작이 활발해지고 자신의 의견을 말하게 됨. 손톱은 물어 뜯지 않았으나, 가끔 눈을 깜빡임.

• **2학년 10월** 건강해지고 태도를 분명히 나타냄. 눈은 가끔 깜빡임.

• **2학년 11월** 특별한 변화는 없음.

• **2학년 12월** 눈을 이따금 깜빡거리는 것 이외에 다른 문제는 없음.

〈그림 78〉의 줄기에 있는 상처 흔적과 부러진 가지는 네 살 때 바다에 빠져 구조되었던 경험을 나타냅니다. 당시 받은 정신적 충격으로 여겨 집니다.

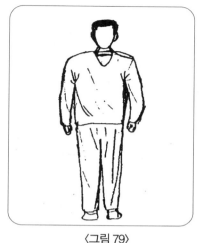
〈그림 79〉

〈그림 80〉

　인물화 〈그림 79〉의 얼굴 세부는 그리지 않았으나, 팔이 자연스럽고 다리를 벌린 폭도 자연스러워져 긴장감이 사라진 것을 보여 줍니다. 그러나 윤곽은 아직 굵은 선으로 그려져 방어적인 태도를 보입니다.

- **3학년 1월 하순** 틱 장애는 거의 사라짐.
- **3학년 2월 중순** 무언가 하고자 하는 의욕이 생김.
- **3학년 2월 하순** 틱 장애가 완전히 사라짐.

　〈그림 78〉과 비교하여 〈그림 80〉은 왼쪽 밑동이 안정되었습니다. 중심에서 방사상으로 뻗은 가지는 외향성과 적응성의 경향을 나타냅니다.

　다음에 나오는 인물화는 자연스러운 모습입니다만, 아직 목에서 머

〈그림 81〉

리까지의 부위가 강조되었습니다. 그러나 틱 장애는 완전히 사라졌습

니다.

8 장

야뇨증

일반적으로 네 살 이후, 다섯 살이 넘어서도 밤에 자다가 무의식 중에 오줌을 쌀 때 이를 야뇨증이라 부릅니다. 야뇨증은 야간 다뇨증이라고도 하여 야간 소변량이 많은 것을 말합니다. 유아기에서 시작하여 초등학생, 때로는 중학생이 되어도 낫지 않는 아이가 있습니다. 또, 그 중에는 초등학교 중·고학년 때 갑자기 생기는 아이도 있습니다. 나이는 초등학교 2~3학년 무렵까지가 가장 많고, 5~6학년부터는 급격히 줄어듭니다.

원인은 의사에 따라 의견이 다르겠습니다만, 대부분은 심인성(45쪽 참조)인 것으로 판단됩니다. 필자의 임상 상담 사례(400여 건) 중 95% 이상이 심인성이었습니다. 특히 새로 태어난 동생에게 사랑을 빼앗긴 데서 비롯된 퇴행 현상으로 야뇨증을 일으키는 예가 많으며, 심하게 혼나거나 억압감으로 인해 안정을 잃은 데서 오는 경우도 많습니다. 어쨌든 야뇨증은 감기와 같이 그 사례가 아주 많고, 생명에 직결되는 것이 아니며, 연령상 초등학교 고학년이 되면 자연히 낫는 경우가 많기 때문에 가볍게 여기는 경향이 많습니다.

야뇨증 아이들은 일반적으로 지능이 보통 이상인 경우가 많은 반면, 심약하고 열등 의식이 강해 혹시 자기 집 이외의 곳에서 숙박을 하게 되면 본인은 물론 부모까지 신경이 곤두서게 됩니다. 앞으로 더욱 적극적으로 치료 방법과 대책을 강구해야 할 것입니다.

여러 가지 심리 검사와 심리 요법을 실시하는 과정에서 야뇨증에 걸린 아이들의 특색을 조금씩 알게 되었습니다.

인물화의 경우, 머리카락 · 코 · 입(혀) · 허리 · 발 등에 그 특색이 나타납니다.

수목화의 경우, 일반적인 안정감 결여 문제 이외에는 과일을 그리는 방식에 그 특색이 나타납니다.

야뇨증 치료상의 주의점

첫째

물 마시는 것을 너무 극단적으로 제한하지 말고 보통으로 마시게 하십시오. 인체의 약 70%는 수분입니다. 극단적으로 수분을 줄이면 오히려 자율 신경이 조화를 잃게 됩니다. 또 마실 때마다 주의를 받으면, 심리적로도 불안해집니다.

둘째

꾸짖기만 하고 내버려 두면 안 됩니다. 잠자리에 들기 전에는 걱정을 덜어 주고 마음을 안정시켜 주십시오. 잠자리에 들기 전에 꾸짖는 것은 절대 금물입니다. 또, 실수를 하더라도 꾸짖지 마십시오.

셋째

잠들어 있을 때에는 될 수 있는 한 깨우지 마십시오. 어쩔 수 없이 깨워야 할 경우에는 잠에서 완전히 깨어나게 하십시오. 다 깨지 않은 상태에서 화장실에 보내는 것은 좋지 않습니다. 잘 확인하고 나서 오줌을 누이십시오.

야뇨증이 있는 아이

초등학교 1학년 남자

〈그림 82〉

• **모자** 모자를 그리는 아이는 성(야뇨증) 문제와 관계가 있습니다.

• **커다란 손** 충동적인 아이인 경우가 많으며, 약한 데 대한 보상의 의미입니다.

• **꽃잎 모양의 손가락** 저학년이면 평범하나, 의뢰심을 나타냅니다.

• **인물 전체의 위치** 왼쪽 위는 방관자적 태도를 나타냅니다.

증상 │ 삼남매 중 둘째로, 여동생이 태어난 뒤로 야뇨증이 시작되었습니다. 그 이전에는 아무런 증세도 없었습니다.

처음에는 매일 밤 세 번 정도 실수하여 오줌을 쌌는데, 최근에는 밤 11시에서 12시 사이에 한 번 실수합니다.

아버지는 일 관계로 낮에 잠을 자기 때문에 집에서 마음놓고 놀지 못했습니다. 유치원 때에는 혼자 노는 경우가 많았으나, 초등학교 다닐 때에는 활발하게 잘 놀았습니다.

동생이 태어난 시점부터 야뇨증이 시작되는 경우는 매우 많습니다. 지금까지 독점해 온 부모의 애정을 동생에게 빼앗기게 되면 갑자기 부모에게 의존하고 싶은 마음이 강해지거나, 부모 곁을 떠나려고 하지 않는 이른바 '응석' 현상이 나타납니다. 자기 쪽으로 부모의 관심과 애정을 끌어들이고 싶고 만져 주기를 바라는 마음에서 이같은 퇴행 현상을 일으키는 것입니다. 그 중에는 부모의 사랑을 독차지한 동생을 괴롭히는 공격형도 있습니다. 이런 경우, 아이를 꾸짖기만 하는 것은 좋지 않습니다. 오히려 상태가 나빠질 뿐입니다. 틈을 보아 손을 만져 주면서 장점을 인정하고 칭찬해 주어야 합니다. 같이 자는 방법도 효과적입니다. 그 밖에 앞에 적은 야뇨증의 주의 사항을 지켜 주십시오.

경과 10월부터 심리 치료를 시작했습니다. 실시 한 달 뒤, 지금까지 일어나지 못하던 것을 오줌이 마려우면 스스로 알아차리고 일어나게 되었습니다. 12월에는 새벽 6시 무렵까지 견디었고, 다음 해 2월에는 아침 7시까지도 견뎠습니다.

〈그림 83〉

아이가 그린 인물화도 크게 바뀌었습니다. 모자가 사라져 야뇨증이 없어졌음을 말해 줍니다. 단, 긴 다리는 자율성에 대한 욕구를 나타내며, 꼭 쥔 손은 공격성을 나타냅니다.

다음 그림은 아이가 맨 처음 그린 수목화입니다.

마음의 신호 · **위치** 화면 왼쪽 위는 방관자적 태도를 나타냅니다.

· **가지** 단선(單線)으로 그려진 가지는 유아로의 퇴행을 나타냅니다.

· **대롱 모양의 트인 줄기** 불확실한 태도와 동요하기 쉬운 마음을 의미합니다.

〈그림 84〉

• **줄기 좌우 선의 길이 차이** 나무가 자라는 장소가 비탈진 곳으로, 의견 표시가 미미하고 불안정한 상태를 말합니다.

• 지면(땅)의 선이 없는 것은 안정감이 부족함을 의미합니다.

이 수목화는 인물화 〈그림 82〉와 똑같은 위치에 그려졌고, 불안정한 심리나 퇴행적인 면 등의 무의식 세계도 유사하게 표현되어 있음을 알 수 있습니다.

다음 그림은 아이의 야뇨증이 나았을 때 그린 수목화입니다.

마음의 신호 │ • **균형** 화면 왼쪽 아래에 그린 것은 퇴행을 나타냅니다.

• **수관** 각지게 쌓아올린 방식의 수관은 유아성이나 퇴행을 나타냅니다.

• **줄기** 곧고 평행한 줄기는 모범적인 면과 경직된 면을 나타냅니다.

• **넓은 밑동** 금지 또는 억제된 상태를 나타냅니다.

• 땅은 그리지 않았으나, 줄기 아래부터 그렸으므로 연령적으로는 안정되었습니다.

• **가지 끝** 뾰족한 가지 끝은 공격성을 나타냅니다.

이 그림을 처음의 수목화와 비교해 보면, 상당히 안정되었음을 알 수 있습니다. 또 이 수목화와 동시에 그린 인물화도 위치나 크기, 공격성 등

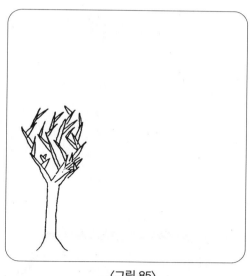

〈그림 85〉

의 면에서 수목화와 많이 닮았음을 알 수 있습니다. 아이의 야뇨증 치료
는 이같은 신호를 이해하고 그 고민을 해결하는 데서부터 시작되었습니
다. 중요한 것은 역시 아이에 대한 사랑과 이해입니다.

사례 44

동생을 질투하는 아이

초등학교 2학년 남자

〈그림 86〉

• 큰 얼굴 퇴행 현상입니다. 신체의 절반이나 차지하여 유아로 되돌아가고 싶어하는 기분을 나타냅니다.

• 납작한 머리 억압감을 나타냅니다.

• 입의 강조 퇴행 현상을 나타냅니다.

• 혀 성적 의미를 지니며, 야뇨증인 아이가 잘 그립니다.

• 긴 머리카락 성적인 의미를 갖습니다.

• 팔다리의 관절 어머니에 대한 의존심, 성(性)과의 관련성을 나타냅니다.

• 작은 발 안정감의 결여를 나타내며, 서로 반대 방향을 향한 발은 양면성 가치 감정을 나타냅니다.

• 팔 수평이 되게 옆으로 들어올린 팔은 퇴행 현상을 나타냅니다.

증상 │ 야뇨는 여동생이 태어난 때부터 시작하여 거의 매일 아침결에 한 번씩 했습니다.

새로 태어난 동생에게 부모의 사랑을 빼앗겼다고 느끼는 애정 박탈감으로 인한 퇴행 현상으로 보입니다. 부모는 그것을 응석부린다며 엄하게 꾸짖었고, 혼난 아이는 다시 애정의 결핍을 느끼는 악순환이 되풀이된 것으로 보입니다.

인물화에도 수목화에도 그 무의식의 세계가 잘 표현되어 있습니다.

치료에 앞서 그 원인과 아이를 대하는 방법을 부모에게 이해시켰고, 7월 중순부터 매달 2~3회 심리 치료(최면법)를 실시했습니다. 야뇨 증세는 차츰 회복되었고, 6개월 뒤에는 절반으로 줄었습니다.

총 30회의 치료를 통해 약 1년 뒤 완치되었습니다. 〈그림 87〉은 맨 나중에 그린 인물화입니다. 〈그림 86〉과 비교하면 크게 달라졌음을 알 수 있습니다.

다음은 〈그림 87〉에 나타난 마음의 신호입니다.

〈그림 87〉

210

마음의 신호 ㅣ • 머리가 작아졌고 몸통은 가늘고 길어져 전체적인 균형이 상당히 좋아졌습니다.

• 수평을 이루었던 팔이 자연스럽게 내려진 상태가 되었습니다.

• 혀가 사라졌습니다.

• 관절이 강조되지 않았습니다.

이상은 퇴행 현상이 그쳤음을 나타내는 것이며, 야뇨가 멎은 사실과 일치합니다. 그러나 아직 머리가 크고 발도 각각 좌우를 향하고 있습니다. 조금만 더 지나면 좋아질 것으로 봅니다.

그럼, 이제 아이가 맨 처음 그린 수목화를 살펴봅시다.

〈그림 88〉

• 전체 모습이 인간의 모습과 흡사합니다. 맨 위 수관부는 머리, 좌우로 난 가지는 양팔을 옆으로 든 모습이며, 뿌리는 다리를 나타냅니다. 유아의 경우, 사람이나 나무나 같은 형태로 그립니다(따라서, 아이의 퇴행을 나타냅니다).

• 많은 열매는 자신의 능력을 나타낸 것입니다. 인정받고 싶어하는 마음의 표현입니다.

• 줄기 아래는 가늘게, 한가운데는 굵게 그렸습니다. 억압받은 감정의 표현으로 보입니다.

• 줄기 표면의 상처는 예민한 감수성을 나타냅니다.

• 과일을 그린 위치를 보면, 좌우 아래 가지에는 원형으로 그렸고, 수관 부분도 원형으로 그렸으며, 그 내부에도 또 그리고 있습니다. 이 원형 배치는 다른 사례를 통해 상세히 설명하겠지만, 야뇨증인 아이에게서 많이 볼 수 있습니다.

다음 그림은 1년 뒤에 그린 수목화입니다.

• 맨 처음 그림에 비해 위치가 중앙이고, 위로 곧게 뻗었습니다.

• 줄기는 거의 평행하고, 볼록한 곳이 사라졌습니다.

• 뿌리도 땅 속으로 들어가 안정되었습니다.

〈그림 89〉

• 아래로 처진 가지가 마음에 걸립니다만, 줄기 끝이 막혀 있어 이전의 대롱 모양 줄기와는 달리 안정감을 줍니다. 그러나 복선(複線) 가지에 단선 가지가 섞여 있는 것을 보면 아직 조금 모자란 느낌이 듭니다.

여동생 때문에 느끼는 욕구 불만을 극복하면서 차츰 자립해 가는 아이의 모습이 느껴집니다.

사례 45

민감한 아이

초등학교 5학년 여자

〈그림 90〉

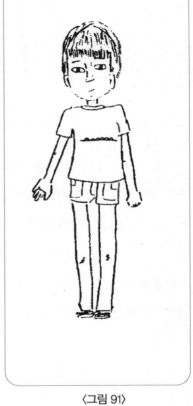

〈그림 91〉

• 머리카락 얼굴을 가린 머리카락은 성과 관계 있습니다.

• 어깨 각진 어깨는 방어적 태도를 나타냅니다.

• 팔다리 팔굽과 무릎 관절의 강조는 어머니에 대한 의존 또는 성과의 관련성을 나타냅니다.

• 손 숨겨진 손은 도피적 경향을 나타냅니다.

• 귀의 강조 민감한 정신 상태를 나타냅니다.

• 가슴의 강조 유방에 대한 관심을 나타냅니다.

증상 │ 야뇨증은 유아 때부터 계속되었고, 초등학교 입학 당시까지 기저귀를 찼습니다. 3학년 때에는 매일 오후 11시와 오전 5시에 두 번 야뇨를 했는데, 4·5학년 때에는 한 번으로 줄었습니다.

모유는 두 달 정도밖에 먹지 못했는데, 그에 대한 욕구 불만이 인물화의 가슴 강조라는 형태로 투영된 것으로 보입니다.

자율 신경은 교감 신경 긴장형으로, 정신적인 민감함이 인물화 속에 잘 나타나 있습니다.

성격은 온순하고 남을 잘 배려해 주었으나, 무뚝뚝하고 자기 주장을 하지 않았습니다. 이 점은 마음속 깊은 곳에 약간의 억압감이나 부전감(不全感)으로 남아 야뇨증에 영향을 끼친 것으로 보입니다.

다음에 나오는 수목화에는 위에서 말한 문제들이 투영되어 있습니다.

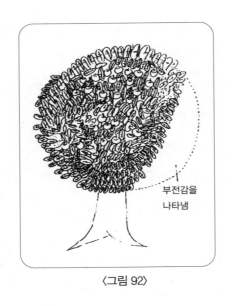

부전감을
나타냄

〈그림 92〉

마음의 신호 • **수관** 수관 오른쪽 공백부는 일종의 심적 공간으로 부
전감 · 불충실함을 나타냅니다.

• **잎과 열매** 수관에 빈틈없이 그려진 잎과 열매는 강박적으로 자신의
내적 세계에 질서를 부여해야만 한다는 불안을 나타냅니다.

• **뿌리** 줄기 밑동에 달라붙은 뿌리는 전체에 대한 시야가 좁은 것을
말합니다.

• 땅이 없어 안정감이 부족합니다.

경과 이 아이의 야뇨증은 남동생과의 사이에서 일어난 애정의 갈등과
심리적 부전감 등에 의한 것으로 보였으므로, 부모에게 대응 방법을 이

216

해시키고 심리 치료를 했습니다. 열흘 단위로 정리한 결과는 다음과 같습니다. ○는 없음, △는 조금 젖은 정도, ×는 흠뻑 젖은 경우입니다.

[표 3]

기간＼결과	○	△	×
1 ~ 10일	4	1	5
11 ~ 20일	4	1	5
21 ~ 30일	9	0	1
31 ~ 40일	8	0	2
41 ~ 50일	10	0	0

치료 개시 40일 뒤에는 거의 완치되었는데, 이전에 실수한 날을 자세히 살펴본 결과, 다음과 같은 점을 알 수 있었습니다.

• 꾸지람 들은 날 밤

• 학교 행사로 걱정했을 때

• 동생과 싸웠을 때

• 특별히 지친 날

• 여느 때보다 늦게 잤을 때

정서가 불안정한 때나 몸이 피로했을 때 실수하는 것으로 나타났습니다만, 무엇보다 중요한 것은 안정감의 유무입니다. 자신이 사랑받고 있다, 인정받고 있다는 자신감이 있을 때 정서는 안정됩니다.

〈그림 93〉은 이 아이가 계속 좋아진 40일 뒤의 수목화입니다. 맨 처음 그림과 비교하면서 살펴봅시다.

〈그림 93〉

마음의 신호 │ • **수관** 수관 오른쪽 공백 부분이 훌륭하게 채워져 부전감이 거의 해소되었음을 나타냅니다.

• **수관 내부** 가지도 그렸으나, 중심에서 방사상으로 뻗어 있어 적극성과 수동성이 한데 섞여 있음을 알 수 있습니다.

• **밑동** 넓은 밑동은 금지나 억제를 나타냅니다.

218

• **줄기** 줄기에 있는 가는 세로 선은 예민한 감수성을 나타냅니다.

• **선** 지면을 나타내는 가는 선이 있으나, 아직 안정된 지면이라고는 할 수 없습니다.

• **잎** 수관 속에는 아직도 잎과 열매가 가득합니다.

이러한 점들로 보아 아이의 야뇨증은 급속히 호전되었으나, 아직 예민한 성격이 도처에서 발견되므로 끈기 있게 지도해 나가야 할 것입니다.

엄마에게 의존적인 아이

초등학교 4학년 남자

〈그림 94〉

•**입의 강조** 성적인 의미를 가지며, 혀를 그린 아이 중에는 야뇨증이나 성적 관심이 강한 아이가 많습니다.

•**귀의 강조** 남의 이야기에 민감한 아이입니다.

•**팔** 수평으로 들어올린 경우는 퇴행이나 뒤떨어진 지능을 나타내는데, 이 아이의 경우는 퇴행입니다.

•**단추** 어머니에 대한 의존을 나타냅니다.

•**손가락** 꽃잎 모양의 손가락은 유치함이나 의존심을 나타냅니다.

•**검은 표시** 웃옷 중앙의 검은 표시는 성적 고민을 나타냅니다.

증상 │ 야뇨는 유아기부터 계속되어 매일 밤 한 번씩 했고, 겨울에는 2~3회 했는데, 최근에는 실수하면 알아차리고 일어나 혼자서 옷을 갈아입습니다.

유아기에 모유를 먹은 기간은 두 달뿐이며, 그 뒤에는 우유를 먹었습니다. 부모님의 일이 바빠서 4년 동안 보육원에 맡겨졌습니다.

인물화에 나타난 바와 같이 퇴행 현상이 두드러진 것은, 유유아기 모자 관계가 박약했던데다 형과의 사이가 나빠 어머니에 대한 의존성이 강해진 때문으로 생각됩니다. 아이의 야뇨증도 그 일환일 것입니다.

아이가 그린 수목화 〈그림 95〉를 보면 다음과 같은 점이 눈에 띕니다.

〈그림 95〉

마음의 신호 ｜ • 땅(지면)을 그리지 않은 것은 안정감의 결여를 나타냅니다.

• **줄기의 볼록한 부분** 밑동 왼쪽의 볼록한 부분은 어머니와의 유대를 나타냅니다.

• **줄기** 줄기 끝이 트여 있어 동요하기 쉬운 충동적인 성격을 나타냅니다.

• **가지** 올록볼록한 가지는 억제와 숨막힘, 퇴행을 나타냅니다.

• **쌓아올려진 가지** 적응력이 부족함을 나타냅니다.

경과 | 최면법을 이용해 치료했는데, 매일 3시쯤 실수하던 것이 7시쯤 으로 되고 횟수도 일주일에 서너 번 정도로 줄어들었을 때, 부모가 바쁘다는 이유로 6회 만에 치료가 중지되었습니다.

사례 47

정서가 불안한 아이

초등학교 3학년 남자

〈그림 96〉

• **모자** 성(性)과의 관계를 나타냅니다.

• **입의 강조** 퇴행 현상을 나타냅니다.

• **가슴의 이름표** 유방에 대한 관심을 나타냅니다.

• **양팔** 서로 반대 방향으로 뻗은 양팔은 마음의 갈등을 나타냅니다.

• **작은 발** 안정감의 결여를 나타냅니다.

• **바지의 지퍼** 야뇨증을 걱정하는 표시입니다.

증상 │ 이전에는 야뇨증이 한 달에 한 번 정도여서 걱정할 만한 것은 아니었습니다만, 초등학교 3학년 5월 중순부터 급격히 늘어나 6월부터는 하루에 두 번 실수한 적도 있습니다.

유아기에 3개월간 모유를 먹고, 그 뒤로는 우유를 먹었습니다. 어린이집에 2년간 다녔는데, 썩 좋아하지 않았다고 합니다.

학교에서는 급식을 먹지 못했고, 아침밥도 먹지 않았습니다. 그러나 저녁밥은 잘 먹는다고 합니다. "급식을 못 먹으니까 학교에 가기 싫어. 엄마랑 같이 있을래" 하고 아이는 말합니다.

귀가 후에는 잘 놀았는데, 최근에는 밖에 나가지 않고 있습니다. 얼마 전에는 준비물을 잊어버리고 학교에 가, 의자 위에 똑바로 앉아 있는 벌을 받았다고 합니다.

아이의 야뇨증 원인은 학교 생활에 대한 불안, 분리 불안형 등교 거부 경향, 급식 문제 등이 얽혀 정서 불안이 되고, 이것이 급속히 악화된 때문으로 보입니다.

경과│6월 초순부터 최면법을 이용한 치료를 실시했습니다. 경과는 순
조로워 6월에는 6회, 7월에는 1회에 그쳤습니다.

급식도 조금씩 먹게 되었고, 7월에는 밥을 더 시켜 먹기도 했습니다.
치료 횟수는 4회로 끝났습니다.

이 사례는 급성이어서 낫는 속도도 빨랐습니다. 결과는 [표 4]와 같습
니다.

[표 4]

기간\결과	○	△	×
1주	4	1	2
2주	5	1	1
3주	7	0	0
4주	4	0	3
5주	6	1	0
6주	7	0	0
7주	7	0	0

빈뇨증

초등학교 3학년 여자

〈그림 97〉

• **코의 강조** 성적 관심이 강함을 나타냅니다.

• **긴 코** 감기에 잘 걸리는 아이나 소아 천식에 걸린 아이에게서 흔히 볼 수 있습니다.

• **각진 어깨** 방어적 태도 또는 공격적 태도를 나타냅니다.

• **짧은 손가락** 유치함이나 사회적 적응력이 부족함을 나타냅니다.

• **줄 지은 단추** 정서적으로 퇴행하고 있는 경우입니다.

• **발** 발이 없는 것은 안정감이 부족한 경우입니다.

• **기울어진 그림** 몸 전체가 기운 것은 간질이나 MBD(미세 뇌장애)일 우려가 있습니다.

• **머리카락** 뺨을 감싼 머리카락은 성과 관련이 있습니다.

증상 │ 이 아이는 유유아기부터 빈뇨 증세가 있어 보통 아이보다 배뇨 횟수가 많아서, 부모와 본인 모두 불안해했습니다.

빈뇨증이란 보통의 경우 하루 5~6회, 많아야 10회 정도인 배뇨 횟수 이상 배뇨하는 것을 말합니다.

원인은 방광이 작거나 쉽게 긴장하는 경우, 가정 환경의 급작스런 변화 등을 들 수 있습니다.

이 아이의 심리는 앞의 인물화에도 잘 나타나 있습니다만, 다음의 가족화에 잘 나타나 있습니다.

어머니 　할머니 　동생

나

앞면
〈그림 98〉

뒷면
〈그림 99〉

• **어머니** 어머니가 들고 있는 비는 지배하는 힘을 나타
냅니다.

• **나** 아래쪽에 자신을 그린 것은 열등감을 갖고 있기 때문입니다.

• **아버지** 종이 뒷면에 아버지를 그린 것은 아버지에 대한 거부감
때문입니다.

경과 　어머니에게 의사의 진찰을 한번 받아 보도록 지시했습니다. 아
이의 성격은 교감 신경 긴장형이며, 여러 검사를 종합해 본 결과, 심인성
이라는 느낌을 강하게 받았습니다. 그래서 우선 다음 사항을 주의시켰

습니다.

- 장점을 찾아내어 자신감을 심어 줄 것.

- 쉽게 긴장하므로 억압하지 말고 자유롭게 해 줄 것.

- 물 마시는 것을 너무 극단적으로 제한하여 쓸데없는 불안을 주지 말 것.

지나치게 엄한 교육으로 인한 야뇨증

초등학교 5학년 여자

〈그림 100〉

마음의 신호 • **줄기** 줄기 끝이 트여 있어 주위의 영향을 쉽게 받고, 불안정하며 억압받고 있다는 것을 알 수 있습니다.

• **가지** 잘린 가지는 마음의 상처를 나타냅니다.

• **잎** 떨어지는 잎은 섬세함을 나타냅니다.

• **뿌리** 줄기 밑동에 붙은 뿌리는 단순함과 좁은 시야를 나타냅니다.

증상 야뇨증은 여섯 살 때부터 시작하여 매일 한 번씩 실수했습니다.

수목화에 나타난 바와 같이 성격이 섬세한데다 부모에게서 받는 억압감도 강하여 아이는 신경질적이 되었습니다. 수목화 오른쪽에 보이는 잘린 가지의 흔적은 아이의 마음이 받은 상처임에 틀림없습니다.

계산해 보니 여섯 살 2개월쯤에 해당하여 어머니에게 물어 보았습니다. 어머니는 "바로 그 무렵은 입학 전이어서 엄하게 교육을 시켰습니다. 그 때문인지 입학 후 약 2주일 동안 복통을 호소하며 등교 거부 증세를 보였습니다. 의사는 신경성이라고 했습니다" 라고 대답해 주었습니다.

경과 아이의 야뇨가 시작된 것은 바로 그 무렵이었습니다. 원인은 지나치게 엄한 교육 방법이었습니다. 특히 가정 학습 방식에 문제가 있어, 우선적으로 이 사실을 어머니에게 이해시키고 2월부터 심리 치료를 시작했습니다.

아래 그림은 치료 개시 두 달 뒤인 4월에 그린 수목화입니다. 처음에는 매일 야뇨를 했습니다만 횟수가 많이 줄었고, 시각도 한밤중에서 새벽녘으로 바뀌었습니다.

이 수목화는 아직 완전하지는 않지만, 여섯 살 2개월 무렵에 받은 상처였던 오른쪽의 잘린 가지 부분에 새로운 가지가 났습니다. 이것은 불안이 제거되었다는 것을 의미합니다.

치료는 모두 8개월 동안 18회 실시했습니다. 아이는 순조롭게 회복되어 마지막 2주 동안의 15회 중 11회는 아침 기상 시간인 7시까지 잘 참았고, 4회는 스스로 알아차리고 일어나게 되었습니다.

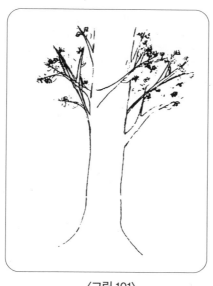

〈그림 101〉

동생한테 열등감 있는 아이

초등학교 1학년 남자

〈그림 102〉

• **머리** 커다란 머리는 퇴행 현상을 나타냅니다.

• **코** 강조된 코는 성에 대한 관심을 나타냅니다.

• **이** 반발하고 싶은 기분을 나타냅니다.

• **손가락** 꽃잎 모양의 손가락은 유치함과 의존심을 나타냅니다.

• **팬티 가운데 선** 야뇨증에 대한 관심을 나타냅니다.

• **다리** 고르지 못한 다리는 안정감이 없음을 나타냅니다.

• **어깨** 어깨를 그리지 않은 것은 열등감이 강함을 말합니다.

증상 │ 야뇨는 기저귀를 떼고 나서 초등학교에 들어갈 때까지 매일 밤
두 번 했습니다. 입학 후 좋아졌습니다만, 9월에 재발했습니다.

아이에게는 다섯 살 난 여동생이 있는데, 체격이 좋아 주위 사람들이
누나로 착각하여 칭찬할 정도여서 여동생에 대한 열등감도 가지고 있었
습니다.

다음의 〈그림103〉은 아이가 그린 수목화입니다.

마음의 신호 │ • **줄기** 올록볼록한 부분은 억제와 감정의 축적을 나타냅
니다.

• **가지** 단선(單線)인 가지는 퇴행을 나타냅니다.

• **줄기** 가운데 세 겹의 동그라미는 마음의 상처를 나타냅니다(네 살

무렵).

이 시기에 아이는 친구가 죽어 우는 어머니를 보고 큰 충격을 받았습니다. 또 이 시기는 여동생이 태어난 때와 일치하며(따라서 동생에게 사랑을 빼앗긴 충격으로 보입니다), 장난감을 빼앗겨 밤중에 울음을 터뜨리고 손톱 물어뜯는 버릇이 생긴 때와 일치합니다.

경과 │ 치료는 3개월간 10회의 최면법을 실시하여 완전히 나았습니다.

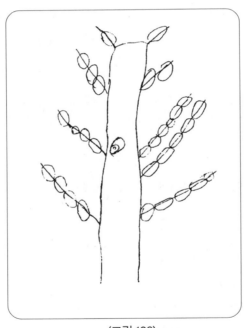

〈그림 103〉

야뇨증인 아이가 그린 수목화의 특징

　야뇨증에 걸린 아이의 인물화나 수목화에 대해서는 이미 많은 사례를 들어 살펴보았습니다만, 끝으로 수목화 중에서도 열매와 야뇨증의 관계에 대해서 알아보겠습니다.

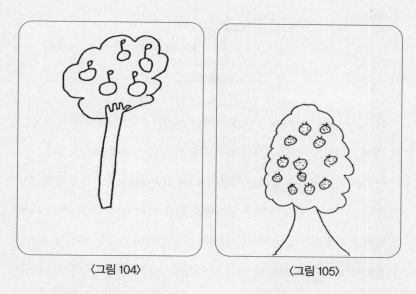

〈그림 104〉　　　　　　　　〈그림 105〉

　수목화 테스트에서 수관과 열매를 그리는 아이는 야뇨증인 아이가 62%, 등교 거부아가 49%, 정서 장애아가 51%로, 야뇨증에 걸린 아이가 가장 많습니다. 그리고 그것을 그리는 방법을 살펴본 결과, 열매를 배치하는 데 뚜렷한 특색이 있음을 알았습니다.

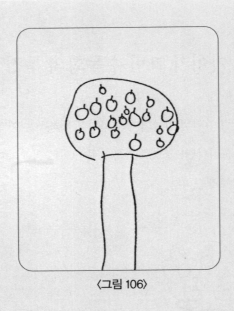

〈그림 106〉

　야뇨증에 걸린 아이가 열매를 수관의 윤곽을 따라 원형으로 늘어놓은 데 비해 다른 아이들은 수관 내부를 불규칙하게 배치했습니다.

　이것은 어떤 사실을 말하는 것일까요? 수관 안에 그려진 열매의 배치는 제각각입니다만, 중요한 것은 열매만을 따로 떼어 내지 말고, 수관 내부 전체의 조직체로서 갖는 의의를 신중하게 검토해야 한다는 사실입니다.

　유아나 초등학교 저학년 아동은 인물이든 나무든 모든 대상을 아주 비슷한 형태로 나타내는데, 이런 특징은 고학년 아동이나 중학생, 고등학생, 때로는 퇴행한 성인에게서도 볼 수 있습니다.

　"열매가 열리는 나무를 그려 보세요"라는 말을 듣고 어떤 나무를 그릴 것인가 의식적으로 생각하면서 그리지만, 결국 다 그려진 나무에는

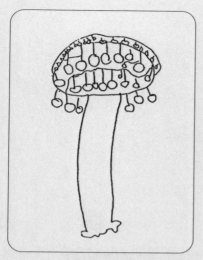

초등학교 1학년 남자
〈그림 107〉

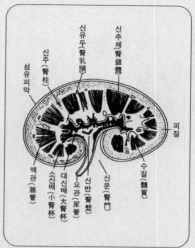

신장의 단면을 옆에서 본 그림
〈그림 108〉

무의식적인 것이 자연스럽게 투영되어 나타납니다. 어디까지가 의식적인 것이고 어디까지가 무의식적인 것인지 확실히 말할 수는 없지만, 그림에는 자신이 느끼지 못하는 무의식의 세계가 표현됩니다. 몸의 통증이나 심적 괴로움이 자연스럽게 그림으로 나타납니다.

보이지 않는 마음속 깊은 곳에 놓인 본래 모습(원형)이 불쑥 튀어나옵니다. 〈그림 107〉은 야뇨증에 걸린 초등학교 1학년생이 그린 수목화입니다.

아이는 야뇨증으로 매일 밤 두 번 오줌을 쌌습니다. 아이가 그린 그림은 수관 내부에 윤곽을 따라 열매를 배열했으며, 수관의 형태는 누에콩 모양입니다. 신장과 너무나 흡사하여 신장의 단면도와 비교해 보았습니

초등학교 5학년 여자
〈그림 109〉

초등학교 1학년 남자
〈그림 110〉

다. 단면도를 수목화와 같은 방향으로 놓으면, 나무 줄기가 요관에 해당하고, 수관의 내부는 신장의 내부와 똑같습니다. 사구체(絲球體)가 있는 피질과 신주, 요세관(尿細管)이 있는 수질 등은 아주 비슷합니다.

야뇨증은 야간 다뇨증이라고도 하며, 밤중에 오줌량이 많은 것을 말합니다. 일반적으로 야간에는 항이뇨(抗利尿) 호르몬의 분비가 증가하여 오줌을 만드는 사구체의 작용이 저하되는 것으로 알려져 있습니다. 그리고 요세관은 몸에 필요한 수분 등을 체내로 되돌려 주는 역할을 합니다.

이러한 중요한 기능을 하는 신장과 뇌하수체 후엽(腦下垂體後葉 : 항이뇨 호르몬 분비를 담당하는 곳), 그리고 그것을 조절하는 시상하부(視床

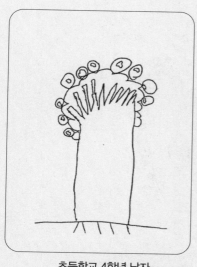

초등학교 4학년 남자
〈그림 111〉

초등학교 2학년 남자
〈그림 112〉

下部) 등의 작용과 심적 문제 등이 얽혀 그 기능이 고르지 못하게 되는 경우에 야뇨증이 일어나는 것으로 생각됩니다. 바로 그 기능의 중심인 신장이 무의식 중에 수목화에 투영되어 나타난 것입니다.

이들 사례를 보면 신장과 매우 흡사한 나무도 있지만, 수관 형태가 원형으로 겉모습이 닮지 않은 것도 있습니다. 그러나 수관의 내부를 보면 신장의 구조를 유추할 수 있습니다. 특히 서로 닮은 〈그림 107〉과 〈그림 110〉은 결코 우연이 아니며, 야뇨증 아이의 고민이 무의식중에 그림으로 표현된 전형적인 예입니다.

이밖에 이들 예와는 전혀 다른 나무를 그린 예도 17% 정도 있습니다. 야뇨증 이외에 또 다른 문제를 갖고 있는 중복 장애아인 경우에는 보다

초등학교 4학년 남자
〈그림 113〉

심각한 문제가 표현될 것입니다.

그런데 도대체 한 번도 본 적이 없는 신장의 모습이 어떻게 수목화에 투영되는 것일까요?

'본 적도 없는 신장 그림'이라고 말은 쉽게 할 수 있습니다만, 이것은 경험의 한계를 넘어선 사물의 의식이라는 차원에까지 이르는 말입니다. 불가사의 또는 놀라움으로 여겨지는 무의식적인 표현에 대한 이해도 빠른 시일 안에 해명되리라 봅니다.

어쨌든 아이들이 표현한 것은 모두 사실입니다. 그러나 어떻게 그릴 수 있는가에 대한 해답은 앞으로 풀어야 할 과제입니다.

9장

이지메하는 아이, 이지메당하는 아이(II)

이지메 문제는 1994년 연말에 일본 아이치 현 니시오 시의 중학생이 이지메를 당하고 자살한 후 급속히 커다란 사회 문제로 논의되어 왔습니다.

이지메를 비관하여 자살을 한다는 것은 굉장히 슬픈 일입니다. 얼마나 괴로웠을까요? 본인은 물론 부모와 가족의 슬픔과 분노는 말할 것도 없고, 관계된 학생과 그 가족, 그리고 학교와 관계 당국 모두에게 커다란 충격을 던지고 있습니다. 이지메 문제는 심각한 대책이 필요합니다.

각 학교에서는 문제아 대책위원회를 강화했고 교육위원회에서는 전문 카운슬러를 두는 문제들도 제기하였습니다. 연일 이 문제를 다루고 있는 신문과 텔레비전, 잡지 등은 학교와 교사를 맹비난하고 있습니다. 그러나 이것은 너무나 단편적인 견해입니다.

일반적으로 이지메하는 아이는 교사의 눈을 속이고, 대개 이지메를 교사의 눈이 닿지 않는 장소에서 합니다. 때문에 주의를 해도 알 수 없는 경우가 많습니다. 몰랐다고 해서 교사의 책임이 없어지는 것은 아닙니다. 그러나 교사라면 누구나 그 책임을 느끼고 아파하며 마음을 터놓고 이야기해 줄 수 있는 상대가 되고 싶어합니다. 보았으면서 보지 못한 척하는 것은 생각도 할 수 없습니다만, 때로 이런 기사가 신문에 실린 것을 읽을 때면 깊은 분노를 느낍니다.

그런데 이 문제는 결코 학교만의 문제가 아닙니다. 이지메는 가정의 형제 자매 사이에서도 많이 볼 수 있습니다. 남동생이나 여동생을 이지메하는 것입니다. 또, 부모가 어린이를 심하게 꾸짖는 경우도 포함됩니다. 며느리와 시어머니의 문제는 옛날부터 계속돼 왔습니다. 일반 직장에서도 상사와 부하, 또는 동료 간에 이러한 일들을 볼 수 있습니다. 모두 약한 자가 이지메를 당해 왔습니다.

이런 중대한 문제가 최초로 마음이 형성되는 유아기의 가정 교육에 잠재되어 있습니다. 결국 애정에 굶주린 아이에게서 이지메의 성향이 발전하고 있다고 생각합니다.

많은 사례를 분석해 보면 이것을 잘 알 수 있습니다. 그런데 신문과 텔레비전에서는 이지메를 당한 사실은 보도하지만, 이지메하는 아이의 근본적인 원인(원형)은 보도하고 있지 않습니다.

10년쯤 전에도 전학 온 학생에게 수십 명의 학생들이 난폭하게 굴고 돈을 뺏는 사건이 있었습니다만, 이지메 행위를 한 학생들에 대해서는 왜 그런 행동을 했는지 제대로 알려지지 않았습니다. 이래서는 그 경험에서 얻은 교훈을 이후의 교육에 전혀 살릴 수 없습니다.

"두번 다시 이와 같은 사건이 없도록……." 상투적으로 사용하는 공허한 말이 될 뿐입니다. 인권 문제도 고려해야겠지만, 가능한 범위 내에서 그 교훈을 살려 나가지 않으면 문제의 해결은 있을 수 없습니다.

잔인한 이지메에는 분노가 치밀어오릅니다. "이지메는 절대 용서할 수 없어"라는 신념을 가지고 지도하는 것이 당연하지만, 잘 살펴보면 이 행동의 원형에는 애정과 이해의 결핍이 보입니다. 그들에게 도덕 교육의 덕목을 강요한다거나 엄하게 몰아세우는 태도는 좋지 않습니다. 근본적인 해결은 한 사람 한 사람을 신중히 살펴보고, 우선 따뜻한 분위기를 만드는 것이 제일입니다. 그런 다음 원형에 기초한 지도를 해야 한다고 생각합니다.

사건이 일어난 후에는 너무 늦습니다. 이런 일이 일어나지 않도록 하기 위해서는 유아기의 가정 교육 확립이 무엇보다도 중요하다는 것을 사례 분석을 통해 알 수 있을 겁니다.

또, 이지메를 당한 쪽에 대해서도 아이가 등교 거부 등의 이상 행동을 보인다면, 무엇이 정말 주원인인지, 혹 이지메는 이상 행동의 단순한 계기에 지나지 않았는지를 확실히 확인하는 것이 필요합니다.

사례 가운데에는 확실히 그 원인이 이지메라고 인정되는 것도 있지만, 이지메를 주원인으로 볼 수 없는 것도 있습니다. 부모와 떨어지는 것에 대한 불안이 주원인인데, "이지메를 당하고 나서 등교 거부를 하게 되었다"고 호소하는 경우도 많이 보입니다.

현대의 어린이는 사랑과 이해에 굶주리고 있습니다. 물질과 금전 면에서는 풍족하지만, 정신적인 참사랑은 부족합니다. 물질적인 풍요는 주지만, 어린이들의 괴로움을 이해해 줄 수 있는 따뜻한 손길이 어른들에게 부족한 것입니다. 부모와 대화가 부족하고 지나치게 공부만을 강요당해 정신적 안정을 이루지 못한 아이가 문제 행동을 일으키거나 불량 서클에 가입하여 악의 수렁에 빠지는 예는 허다합니다.

여기에서는 가정 내의 이지메에서부터 교내 이지메까지 여러 사례를 다루었습니다. 이지메를 당하여 등교를 거부하는 예도 실었지만, 특히 다른 아이를 괴롭히는 어린이의 마음을 해명하려고 노력하였습니다. 자세하게 서술하지는 못했지만, 어린이들의 괴로움을 바르게 이해할 수 있다면 좀 더 좋은 교육으로 연결되리라 믿습니다.

집단의 중심이 되어

중학교 1학년 여자

ⓐ　　　　　ⓑ

〈그림 114〉

마음의 신호 ┃ • **줄넘기** 자기 방어의 의미와 자궁 회귀 소망의 의미를

갖습니다. 꽉 쥔 손은 공격성과 대인 관계가 좋지 않음을 나타냅니다.

• **흉부의 강조** 어머니의 이미지를 나타냅니다.

• **다리** 발의 ×무늬는 폭력 행위와 성적 관심을 나타냅니다.

• **혀** 성적 관심을 나타냅니다.

〈그림 115〉

다음은 수목화로 본 마음의 신호입니다.

마음의 신호 ┃ • **가는 줄기** 자아 의식이 약함을 나타냅니다.

• **직각 가지** 퇴행 현상을 나타냅니다.

248

- **볼록한 가지** 감정의 축적을 나타냅니다.

- **가늘고 잘록한 부분** 억제를 나타냅니다.

- **지면이 없음** 안정감이 없습니다.

- **가지런하지 못한 밑동** 불안정(경사면에 선 나무)

증상 〈그림 114〉는 B학생이 그린 인물화입니다. 맨 처음 ⓐ를 그리고 나서 "망쳤어" 하고는 ⓑ를 그렸습니다.

B학생은 4월에 아버지의 전근으로 전학 온 A학생을 5월 무렵부터 같은 반 여학생 열댓 명과 함께 때리고 돈을 뺏곤 하였습니다. 그리고 더욱 난폭해져 옷과 머리에 흙을 바르거나 옷을 벗기기까지 했습니다. 이 때문에 A학생은 환각을 일으키고, 밤에는 무서워 잠을 잘 수 없어 결국 학교를 쉬게 되었습니다.

B학생이 "선생이나 부모에게 이르면 린치를 가하겠어" 하고 위협했기 때문에 A학생은 부모에게도 얘기하지 못했습니다. 학교 교사는 7월에 그 현장을 발견하고 겨우 사정을 알게 되었습니다.

이 문제의 동기는 A학생이 전학 온 첫날, 유명 사립 중학교에 합격한 것을 자랑삼아 이야기한 데에 있었습니다.

B학생은 2년 전쯤에 부모님이 이혼하여 어머니, 언니와 함께 세 명이 살았습니다. 이 학생은 상당히 오래 전부터 불안정한 상태였습니다. 학생들 사이에서 리더였습니다만, 인물화에 나타나는 것과 같이 애정이

결핍되어 있고, 어머니 이미지를 의식하고 있으며, 자궁 회귀 소망을 드러내고 있습니다.

B 학생의 수목화 〈그림 115〉에는 약한 자아 의식이 가는 줄기로 표현되어 있고, 욕구 불만이 볼록한 가지와 잘록한 가지를 통해 나타나고 있습니다. 또 직각의 가지는 퇴행 현상을 나타내며, 이 학생의 약한 일면을 엿볼 수 있게 해 줍니다.

경과) 이지메의 중심에 있었지만 혼자 힘으로는 할 수 없는 약한 인간이므로 여럿의 힘을 빌려 A학생을 괴롭힘으로써 보상받고 있었던 듯합니다. B학생은 사랑받지 못하고 자란 유아기부터의 불만을 A학생에게 이지메로 나타낸 것이 아닌가 생각됩니다.

이 학생을 앞으로 어떻게 지도하면 좋을까요? 불량 학생으로 처리하는 것으로는 곤란합니다. 가정과 주위의 따뜻함이 무엇보다 필요한데, 경찰 당국에 맡겨진다면 그 다음 일은 알 수가 없습니다.

같은 집단의 학생에 대한 지도도 중요합니다. 한 사람 한 사람에 대해 신중히 대하지 않으면 그들의 장래가 걱정됩니다. 주의와 훈계만으로는 결코 좋아지지 않으리라 생각됩니다.

한편, A학생은 그 후 멀리 있는 학교로 전학하여 환각 증세도 없어지는 등 서서히 회복하였습니다. 그러나 사건에 얽힌 몇 가지 문제는 나중에도 영향을 미쳐 가정, 학교, 사회에 과제를 남겼습니다.

같은 '이지메'라고 해도 사례별로 차이가 있기 때문에 경솔히 취급해서는 안 됩니다. 최근에는 '이지메'의 부작용이 '자살'로까지 이어져 그 심각함이 더해지고 있습니다. 인간을 존중하는 교육과 함께 괴로워하는 아이의 마음을 미리 읽을 수 있는 관심과 애정이 절실히 필요합니다.

사례 52

남동생 이지메

초등학교 4학년 남자

〈그림 116〉

• **머리** 편평한 머리 부분은 억압을 받고 있음을 나타냅니다.

• **얼굴** 화가 난 기분이 눈과 입에 나타나 있습니다.

• **머리카락** 나선형 머리카락은 억압감과 불안감을 나타냅니다.

• **팔** 머리 위로 치켜올린 팔은 흥분을 나타냅니다.

• **다리** 크게 벌리고 있어, 불안감을 나타냅니다.

• **머리 위의 나무** 머리 위에 인 분노를 나타냅니다.

증상 ┃ 이 아이는 마음에 들지 않는 일이 있으면 곧잘 동생에게 분풀이를 하기 때문에 아버지로부터 엄하게 꾸중을 들었습니다. 머리 위에 인 나무로 무언가를 때리려고 하는 흥분된 상태가 앞의 그림입니다.

형제간의 이지메는 우리 주변에 많이 보입니다. 동생을 두둔하여 형이나 언니 쪽을 심하게 꾸짖으면, 점점 더 반발하여 동생을 괴롭히게 되기 때문에 세심한 주의가 필요합니다.

다음 그림은 이 학생이 그린 수목화입니다.

마음의 신호 ┃ • **지면이 없는 나무** 안정감의 결여를 나타냅니다.

• **줄기의 볼록한 부분** 억압된 감정의 축적을 나타냅니다.

• **X형 나뭇가지들** X형을 하고 있는 나뭇가지들은 마음의 갈등을

나타냅니다.

•**소용돌이형 태양** 소용돌이는 빨아들여 삼키는 의미가 있고, 빛도 소용돌이 방향으로 움직이고 있습니다. 따뜻함(애정)을 바라는 강한 마음의 소용돌이가 느껴집니다.

〈그림 117〉

형제간의 이지메는 일반적으로 그다지 주목받지 못하고 있지만, 매우 많이 일어나고 있습니다. 그 심리는 앞에서 서술한 대로 자신이 사랑받지 못하고 있다거나, 인정받지 못하고 있다는 욕구 불만으로 생각할 수 있습니다.

특히 형제 자매 가운데 장애아가 있는 경우, 부모는 아무래도 그 아이 쪽에 신경을 더 쓰기 쉽기 때문에 다른 아이는 애정 결핍을 느끼기 쉽습

니다. 때문에 부모는 이 경우 더욱더 애정의 분배에 주의를 기울일 필요
가 있습니다.

자기를 돌로 상징하는 아이

초등학교 2학년 여자

〈그림 118〉

• **공** 어머니와 언니는 공을 튀기고 있습니다. 공은 에너지 덩어리를 나타냅니다. 자기의 불만을 공에 옮겨 놓고 지면에 던지고 있습니다.

• **줄넘기** 아버지와 남동생은 줄넘기를 하고 있습니다. 줄넘기는 억압으로부터 자신을 지키려는 의미와 자궁 회귀 소망을 나타냅니다.

• **스케이트 보드** 자기는 스케이트 보드를 가지고 놀고 있습니다. 불안한 마음을 나타냅니다.

• **돌** 돌은 자기의 상징입니다. 자기는 의식과 무의식의 중심에 있으며, 자연물로 상징되기 쉽다고 알려져 있습니다. 한스 쿨트(스위스의 꿈해석학 연구자)는 "돌은 모든 행위의 기반과 불안을 나타내는 근원적 상징이다"라고 말했습니다.

이 아이는 1학년 2학기 무렵부터 학교에 가기 싫어했습니다. 그 이유를 물어 보니, "친구들이 언니 흉을 보았기 때문에"라고 대답하였습니다. 언니는 장애인 학교에 다니고 있었는데, 이것이 이지메의 동기였던 것 같습니다.

그래도 쉬지 않고 학교에 다녔는데, 2학년 여름 방학 이후부터 복통을 호소하기도 하고 기분이 안 좋다며 종종 쉬었습니다. 이후로는 하루 건너 쉬게 되었고, 등교하는 날은 반드시 어머니가 곁에 따라가야 했습니다.

2월에 처음 상담하러 왔을 때 그린 그림이 앞의 가족 그림입니다.

이 아이는 오른쪽부터 어머니, 언니(6학년), 아버지, 남동생(6세), 본인 순으로 그린 후에, 제일 나중에 밑에 둥근 것을 그려 넣었습니다. "무얼 그린 거지?" 하고 묻자, "돌" 하고 대답했습니다. "왜 그렸지?" 하고 묻는 말에, "몰라. 그냥 그렸어" 하고 말했습니다.

이 말이야말로 무의식의 세계를 가장 잘 표현한 것이라고 생각합니다. 이 아이는 어릴 때부터 장애가 있는 언니에게 어머니의 관심을 빼앗겨 모유도 먹지 못했습니다. 방치된 채 자란 것입니다. 그리고 언니와 동생 사이에 끼이는 바람에 사랑과 이해에 모두 굶주려 왔습니다. 어머니의 가슴에 기대고 싶어도 그러지 못했던 이 아이의 마음은, 아이의 그림처럼 스케이트 보드 위에서 좌우로 흔들리는 상태인 것입니다.

어머니 옆에 가고 싶어도 언니에게 그 자리를 빼앗겨 버린 이 아이는 자기의 상징으로 돌을 가까운 곳에 그렸던 것인데, 스케이트 보드가 지난 길에 의해 구분되어 있습니다. 어머니 옆으로 갈 수 없는 아이가 무의식 중에 자궁 회귀 소망을 품는 것도 무리는 아닙니다.

언니에 대한 흥이 동기가 되어 학교에 가지 않게 된 것은 사실이지만, 근본 원인(원형)은 여기에 있었다고 생각할 수 있습니다.

경과 │ 이와 같은 점을 어머니에게 이해시키고, 등교를 강요하기보다 우선 아이의 괴로움을 푸는 것에 중점을 두고 아이에게 접근하는 방식을 궁리하여 가능한 한 접촉을 많이 하게 하였습니다. 그리고 5회 정도 심리 치료를 한 결과, 급속히 좋아져 3월부터는 계속 등교할 수 있게 되었습니다. 그리고 3학년이 되고부터는 혼자 다른 아이들과 함께 등교할 수 있게 되었습니다.

아래 그림은 치료 개시 후 45일째인 3월 하순에 그린 인물화입니다.

〈그림 119〉

마음의 신호 | • **가방** 가방을 들고 걷는 모습으로, 의무감과 공부, 성의 의미를 가집니다.

• **뒤로 한 손** 대인 관계에 불안을 가진 것을 나타냅니다.

- **정장한 여성** 어머니의 이미지를 나타냅니다.

- **돌** 자신의 상징

"누구를 그린 거지?" 하고 묻자, "엄마를 그렸어. 엄마가 돌 위에 앉아 있는 거야" 하고 대답했습니다.

아이는 이제야 언니에게서 어머니를 되찾을 수 있었고, 어머니와 일체가 된 기쁜 마음을 무의식중에 이 그림으로 나타냈다고 생각합니다.

아이가 등교할 수 없게 된 직접적인 동기는 이지메였다고 생각할 수 있지만, 그것은 그저 계기에 지나지 않았고, 진짜 원인은 가정의 인간 관계, 특히 어머니의 애정을 바라는 기본적인 욕구가 충족되지 않아 안정감을 잃어버렸기 때문이라고 생각됩니다.

친구가 없는 아이

중학교 2학년 남자

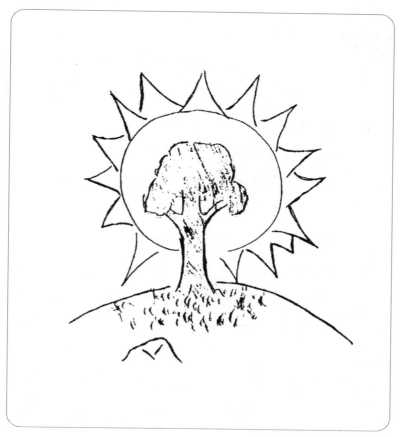

〈그림 120〉

• **태양** 태양은 애정의 요구를 의미합니다. 날카롭고 뾰족한 광선은 사랑을 강렬하게 바라는 모습이고, 태양의 크기는 자기가 바라는 온정의 크기를 반영합니다. 또 낮은 곳에 그려진 태양은 권위자(부모 및 그 외)에 대한 두려움을 나타내는데, 지는 해는 억압감과도 관련이 있습니다.

• **검은 나무** 석양에 드리워진 "나무 그림자를 그린 것이다"라고 본인은 말하고 있지만, 억압감·부전감·퇴행을 나타냅니다. 반원의 지면 위에 그려진 나무는 고독감을 나타냅니다.

• **풀** 길게 자란 풀은 성에 대한 관심입니다.

• **돌** 돌은 자기의 상징입니다. 앞서 말했듯이, 한스 쿨트는 "돌은 모든 행위의 기반과 불안을 나타내는 근원적인 상징이다"라고 했습니다.

초등학교 4학년까지는 건강하게 등교했는데, 5학년이 되어 반이 바뀌고 난 뒤부터 등교를 주저합니다. 친구들로부터 욕설을 듣고, 담임 선생님과도 잘 지내지 못한 것이 등교 거부의 원인인 듯합니다. 이 학생은 매일 아침 복통을 호소했는데, 약을 먹어 가며 가까스로 등교하고 있었습니다.

중학교는 이사를 해 멀리 떨어진 학교에 들어가게 되었지만, "친구가 한 명도 없어"와 같은 여러 가지 이유를 들며 결국 등교하지 않고 계속 집 안에 틀어박혀 있었습니다.

공부를 하기 싫어한 것은 아니고 독서와 음악에 흥미를 보였는데, "학교에 가고 싶지만 갈 수 없어" 하고 괴로워하며 밤에 잠자리에서 울기도 했다고 합니다.

가족은 누나와 엄마, 조부모로 모두 다섯 식구였는데, 아버지는 아이가 여섯 살 무렵에 병으로 죽었습니다. 중학교 때부터는 어머니와 둘이서 살았는데, 어머니가 일로 외출하면 언제나 혼자 있었습니다. 당연히 고독감이 심했고, 어머니가 돌아오면 찰싹 달라붙는 퇴행 현상을 보였습니다.

유아기 때 아버지의 죽음으로 받은 정신적인 충격이 상당히 컸던 것 같습니다. 따라서 중학교 1학년 무렵의 수목화에는 사람과 똑같은 형태의 나무가 그려졌고, 또 유아기 때 받은 마음의 상처도 보입니다.

경과 심리 치료를 월 3∼4회 계속하여 약 1년 뒤에는 그 상처가 사라졌습니다. 그리고 본래 말이 없는 아이였지만, 가끔은 농담도 하게 되었습니다.

그러나 고립되어 있는 지금의 상태에서 무엇보다 애정에 대한 갈망과 안정을 찾고자 하는 심정이 그림 속에 잘 표현되어 있습니다.

"집을 그려 보세요" 하고 말하자 〈그림 121〉을 그렸습니다.

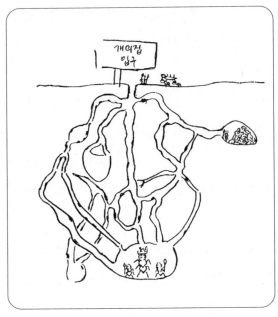

〈그림 121〉

마음의 신호 • **개미** 태아의 상징을 나타냅니다.

• **아래의 방** 자궁을 나타냅니다.

• **통로** 분만할 때 태아가 통과하는 길을 나타냅니다.

증상 처음에는 개미를 한 마리도 그리지 않았습니다. "무슨 집이지?" 하고 묻자, "개미집" 하고 대답했습니다. "개미는 어디 있지?"라는 물음에 "지금부터 그릴 거야" 하고 대답하며 그림과 같이 그려 넣었습니다. 통로에 점점이 검게 보이는 것은 "개미가 걷고 있는 모습"이라고 말했습니다.

이 학생은 왜 개미집을 그린 것일까요? 넌더 포드(미국 정신분석의)는 "지하에서 자라거나 움직이거나 하는 것은 태아의 상징이다"라고 말하고 있습니다. 무의식 세계의 자궁 회귀 소망을 '개미집'으로 표현한 것입니다.

아래 그림은 이 학생이 중학교 2학년이 되어 그린 집 그림입니다.

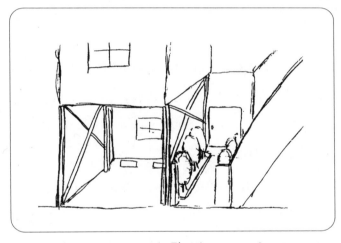

〈그림 122〉

마음의 신호 • **담** 담은 외부에 대한 자기 방어를 나타냅니다.

• **차고** 자궁을 나타냅니다. 차고는 자동차가 밖에서 돌아와 휴식하는 장소이고, 자궁 회귀 소망의 의미를 지닙니다.

• **X형 파이프** 차고의 기둥 사이에 그려진 X형의 버팀목은 마음의 갈등을 나타냅니다. 자궁 회귀 소망에 반하여 등교해야만 하는 마음의 갈등을 강하게 나타내고 있습니다.

• **위에서 본 집** 위에서 내려다본 조감도식의 집은 가정의 전통적인 가치에 대한 거부와 반항, 옛날부터 내려오는 인습을 깨고 싶은 마음을 나타냅니다.

이번에는 인물화 〈그림 123〉을 살펴보겠습니다.

마음의 신호 | • **뒤를 향한 얼굴** 거울 앞에 선 실상은 등을 돌린 모습으로 대인 관계의 불안, 얼굴을 보이고 싶지 않은 심정을 나타냅니다.

• **앞을 향한 얼굴** 거울 안의 얼굴은 앞을 보고 있으며, 대인 관계를 바라는 마음을 나타냅니다.

• **거울** 거울을 보는 것은 자기를 인식하는 의미를 지닙니다.

• **시계** 인생이 빨리 지나가 버리는 것에 대한 불안과 결정적인 시간이 가까워 온다는 뜻을 담고 있습니다.

학생은 평상시보다 두 배 정도의 시간을 들여 약 20분에 걸쳐 인물화를 그리고 난 후, '거꾸로 된 세계'라고 제목을 달았습니다.

'거꾸로'라는 낱말에는 '역, 반대' 등의 의미가 있습니다. 거울에 비친 인물과 시계는 실상과 반대로 보입니다. 즉, '거꾸로'인 것입니다.

〈그림 123〉

　이 학생은 왜 이런 인물을 그린 것일까요? 학교에 가고 싶으면서도 가지 못해 괴로워하고 있는 그의 심경은 거꾸로임에 틀림없습니다. 현재의 무의식 세계가 이와 같이 표현된 것은 아닐까요? 과거에 그려 왔던 인물화와 비교하여 특히 다른 점은 손가락이 길고 확실하다는 점입니다. 대인 관계가 상당히 좋아진 것과 일치하고 있습니다. 그러나 한쪽 손은 언제나처럼 뒤로 돌렸고, 사람과 만나고 싶은 마음과 만나고 싶지 않은 마음이 반반씩 나타나고 있다고 생각합니다.

　얼굴을 뒤로 돌려 대인 관계를 거부하지만, 거울 안의 얼굴은 거의 정상입니다. 심하게 등교를 거부하는 아이들 가운데에는 얼굴의 각 부위를 그리지 않거나 뒤를 향한 모습으로 그리는 아이가 있는데, 어쨌든 앞을 향한 얼굴을 거울 안에 그린 것은 한 걸음 전진한 것이라 생각할 수 있습니다. 모두와 만나고 싶기도 하면서 걱정이 되는 심정은 바로 '거꾸로'의 세계이고, 부적응에서 오는 괴로움을 나타낸 것이라고 생각합니다.

거울을 매개로 하여 부적응의 심리를 무의식적으로 인물화에 나타낸 것은 대단히 의의가 깊습니다.

한스 쿨트는 "거울을 보는 것은 자기 인식을 촉구하는 의미를 지닌다"고 말했습니다. 거울 속 인물화를 그린 이 학생도 자기 인식(자기 반성)의 기회가 온 것이 아닌지 생각됩니다.

경과 │ 중학교 1학년 5월부터 3학년 3월에 이르기까지 약 2년간의 경과를 보면, 등교하고 싶어도 할 수 없었던 당초의 정서 불안에 의한 이상 행동은 서서히 고쳐지고, 강한 자궁 회귀 소망도 안정되어 갔습니다.

또 대화도 점차 많아졌고, 신문 기사 내용에 대해 말을 걸기도 했습니다. 행동 면에서도 이따금 산책을 나가게 되었고, 곤충을 발견한 이야기 등도 하게 되었습니다. 그리고 학원에도 다닐 수 있게 되었습니다.

나름대로 좋아하는 독서와 음악을 즐기기도 해 자립심은 서서히 높아 갔지만, 때로는 불안감을 느껴 '거꾸로 된 세계'를 언급하기도 합니다.

그 후 서서히 안정되어 이따금 학교에도 나가고, 수학 여행에도 담임 선생님과 친구들의 도움을 받아 참가할 수 있었습니다. 그리고 중학교를 졸업한 후 고등학교에 진학하였습니다.

나는 사랑받고 싶었다

초등학교 5학년 여자

〈그림 124〉

• **인물의 배치** 화면의 윗부분에 어머니와 동생을 그렸습니다. 자기보다 위에 있는 사람(권력을 가진 사람)을 위에 그렸습니다. 아버지는 친절하므로 아래에 그렸습니다. 다른 세 사람이 앞을 보고 있는데 반해, 자신은 옆모습을 그렸습니다. 자기가 가족으로부터 소외당하고 있는 것을 나타내고 있습니다.

• **편평한 머리 부분** 모든 인물의 머리 부분이 편평합니다. 두려움을 느끼거나 억압감을 가진 아이에게 많이 나타납니다.

• **팔과 다리가 없는 인물** 안정감이 없는 사람에게 많습니다.

네 살 무렵에 상점의 물건을 집어 온 적은 있었지만, 초등학교에 입학하기까지는 별다른 문제가 보이지 않았습니다.

입학 후, 집의 돈을 몰래 가지고 나가거나 상점에서 과자·문구·책 등의 물건을 집어 왔습니다. 이 아이는 집어 온 물건의 대부분을 친구들에게 나누어 주었습니다.

부모는 엄하게 주의를 주었지만, 변화는 보이지 않았습니다. 이 아이는 학교 성적이 우수하고 친구의 평판도 좋은 모범적인 아동이었습니다. 또 학식 있는 훌륭한 부모님과 우수한 여동생을 둔 네 명의 가족으로 이루어진 가정 환경에 비춰 볼 때, 이 아이의 행동은 믿기 어려운 것이었습니다.

여러 모로 살펴본 결과, 다음과 같은 점들이 문제점으로 드러났습니다.

• 아이가 한 살 무렵 임신중이었던 어머니는 유산을 염려하여 아이를 안을 수 없었고, 또 모유도 충분히 줄 수 없었습니다. 동생이 태어난 후에도 이 아이는 안기거나 따스한 접촉을 받은 적이 없어 영유아기의 모자 상호 작용이 부족했습니다. 어머니의 애정은 수유와 신체적 접촉 없이는 충분히 아이에게 전달되지 않습니다.

• 동생에게 특별한 문제가 없었기 때문에 부모님은 동생만 칭찬해 왔습니다. 언제나 동생과 비교되면서 꾸중만 들었기 때문에 이 아이는 애정과 자기 인정에 대한 요구가 채워지지 못해 안정감을 잃었던 것입니다.

• 꾸짖는 방법도 무엇이 참된 원인인지, 그 원형을 찾지 않고 엄하게 주의만 주었기 때문에 악순환을 거듭한 것입니다.

경과 이와 같은 모든 문제점을 고려하여 아이 부모님에게 아이가 무엇보다도 사랑과 이해를 바라고 있다는 점을 말하고, 아이를 대하는 태도를 개선해 달라고 부탁했습니다.

• 어머니와 접촉할 기회를 많이 만들고 밤에는 같이 잘 것.

• 크고 작음에 상관없이 아이의 장점을 진심으로 인정해 주어 죄악감과 열등감을 없앨 것.

• 자매의 평가는 개별적으로 하고, 비교하는 어투를 피할 것.

이상과 같은 점에 유의하면서 아이의 불안감을 제거하는 심리 치료를 하였습니다.

　모두 10회의 면접과 심리 치료를 실시한 결과, 부모와 아이가 모두 안정감을 되찾아 치료 횟수를 거듭할수록 표정도 밝아지고 생동감 있게 되었습니다. 5년 이상 지속되던 문제의 비행은 상담 시작 무렵에는 2회 정도 있었지만, 그 후에는 전혀 보이지 않았습니다.

　'나는 사랑받고 있다. 인정받고 있다' 고 강하게 인식했을 때, 안정감이 생기고, 아이는 본래의 훌륭한 모습으로 되돌아갈 수 있었던 것입니다. 아이는 결코 문제아가 아닙니다.

　아이의 마음의 궤적은 다음 인물화와 가족화에서도 볼 수 있습니다.

〈그림 125〉

•**머리 부분** 절단된 머리 부분은 억압감을 나타냅니다.

•**얼굴 내부 생략** 사랑받지 못한다고 느끼고 대인 관계가 좋지 않음을 나타냅니다.

•**등 뒤로 돌린 손** 죄의식과 대인 관계가 좋지 않은 경우.

•**벨트의 버클** 어머니에게 밀착 의존하고 싶은 마음을 나타냅니다.

•**다리와 발** 몇 번이나 고쳐 그리다가 지워 버렸습니다. 불안이 바로 이곳에 있는 것을 나타냅니다. 안정감이 없습니다.

〈그림 126〉

•**머리 부분** 완전하게 그려졌고, 정상 상태를 나타냅니다.

•**혀** 혀는 성에 대한 관심을 나타냅니다.

•**양쪽 팔** 뒤로 했던 팔이 앞으로 나왔고, 손가락도 다 그렸습니다. 대인

관계가 좋아졌음을 나타냅니다.

- **양쪽 다리** 다리를 벌린 폭이 약 20도. 긴장감이 없어졌습니다.

〈그림 127〉

마음의 신호 ● **인물의 배치** 균형이 잡혀 있습니다.

● **각각의 인물** 머리의 형태도 정상입니다.

경과 처음에는 어머니와 동생을 윗부분에 그렸지만, 5개월 후인 현재
는 테이블에 같이 앉아 있고 얼굴의 방향도 상대를 향하고 있습니다. 집
에서 함께 즐겁게 지내고 있는 한가족의 단란함이 확실히 나타나 있습
니다.

아버지는 이전과 비교하면 낮은 위치에서 완전히 바뀌어 서 있는 모

습으로 변했고, 안정감과 가정의 따뜻함이 느껴집니다.

가족 전원의 머리 부분이 정상으로 그려져 이전과는 많이 달라진 모습을 보입니다.

3부 부모의 역할

10장

지금 가정 교육에서 필요한 것

아이 교육에 방심은 금물

고민하는 아이들과 수없이 많이 접촉해 오면서 특히 통감하는 사실은, 부모가 당연히 해야 할 일을 하지 않은 데서 문제가 생긴다는 것입니다.

옛날에는 '손수 돌보아 길렀다'는 말을 많이 했는데, 현대에는 '손수 돌보다'는 말을 그다지 많이 쓰지 않는 것 같습니다. 손수 돌보지 않기 때문에 자연히 사라진 것은 아닐까요?

일하러 가는 부모가 늘어 한 살 미만인 아주 어릴 때부터 어린이집에 맡겨져, 아이들은 하루의 대부분을 다른 사람의 보살핌을 받습니다. 수많은 아이들을 맡고 있는 어린이집에서 친부모와 같이 안아 주거나 업어 주는 배려를 해 주기를 바랄 수는 없습니다.

게다가 밤에 부모와 한 이불 속에서 자는 것도 드물어졌습니다. 따라서 부모 자식 간의 신체적 접촉이나 대화는 아침 또는 저녁에, 그것도 아주 짧은 시간 동안에만 이루어집니다. 특히, 심각한 문제는 모유를 먹고 크는 아이의 수가 매우 적다는 사실입니다. 어머니에게 안겨 모유를 먹고 이야기를 듣거나 자장가를 듣는 것은 유아기 때 맛볼 수 있는 최고의 기쁨일 것입니다. 이는 아이들이 훌륭하게 자라는 데 필요한 아주 중요한 토대입니다. 이는 동시에 훌륭한 어머니가 되는 데 필요한 토대이기도 합니다. 부모 자식 간의 유대는 아이를 모유로 키우는 데서부터 시작한다고 해도 과언이 아닙니다.

아이에게 젖을 주고 안아 주는 것이 어머니 본래 모습이라는 사실은 수백만 년 전이나 지금이나 다름없습니다. 정말로 어쩔 수 없는 경우를 제외하고는 인공유를 먹이지 않겠다는 결단이 필요합니다. 편리함을 이유로 '방심' 하지 않도록 노력해야겠습니다.

그러나 현대는 어머니의 사회 진출과 가정의 핵가족화, 사회의 급격한 변화 등에 의해 수유(授乳) 기간과 보육 기간이 극단적으로 단축됨으로써 아이들에게 불행한 결과를 초래하고 있습니다.

이 점에 대해서는 출산 휴가나 육아 휴가의 근본적인 개선이 제도적으로 이루어져야 하고, 가정에서는 아버지의 가사 분담과 육아 협력이 반드시 있어야 하겠습니다.

그럼, 모유는 몇 개월이나 먹이면 좋을까요?

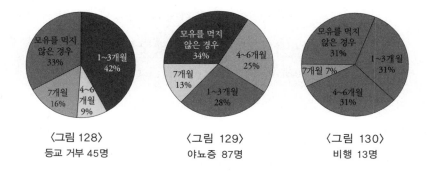

〈그림 128〉
등교 거부 45명

〈그림 129〉
야뇨증 87명

〈그림 130〉
비행 13명

신생아의 몸에 항체가 형성되는 기간과 정서적으로 안정이 되는 기간 등을 고려하면 12개월은 모유를 먹여야 한다고 생각합니다만, 어쩔 수 없는 경우라도 최소한 6개월은 먹여야 합니다.

그러면 등교 거부아, 야뇨증에 걸린 아이, 비행아(도벽, 난폭한 행동) 등은 어렸을 때 모유를 어느 정도 먹었을까요?

〈그림 128〉에서 〈그림 130〉에 나타난 바와 같이 모유를 먹지 않은 경우가 30%를 넘습니다. 또한 1~3개월간 모유를 먹은 아이는 평균 33%로, 유아의 약 3분의 2가 모유를 만족할 만큼 먹지 못했다고 할 수 있습니다.

물론 모유를 먹이지 않아도 따뜻한 말이나 부드러운 손길로 사랑해 준다면 다행이지만, 어쨌든 모유는 아이들의 몸과 마음이 자라는 데 필수 불가결한 것입니다.

어머니는 유아기뿐 아니라, 성장하여 일단 자립한 뒤에도 그 품 속이 그리워지는 안락한 장소이자 몸과 마음의 고향입니다.

그러나 현대는 사회의 급격한 변화와 함께 가정 환경도 크게 변해 어머니가 항상 따스한 마음의 고향이라고만은 할 수 없게 되었습니다. 무력해진 아버지, 바쁜 아버지를 대신하여 어머니에게 엄격한 면이 강조되고 있습니다.

가족을 주제로 한 작문 안에는 부부와 부모, 자식, 형제 간의 내면적인 인간 관계가 자연스럽게 표현됩니다.

다음의 예는 한 가족이 모이는 밤을 주제로 한 작문입니다.

우리 집의 밤(초등학교 6학년 여자)

일곱 시쯤 아빠가 "나야. 아, 오늘도 피곤하구나" 하며 회사에서 돌아옵니다. 그럼, 엄마가 "어서 오세요" 하고 대답하면서 우리 집의 활기찬 밤이 시작됩니다.

집에 돌아온 아빠는 반드시 "애들은 어디 있지?" 하고 엄마에게 묻습니다. 저와 여동생이 모른 체하면서 공부를 계속하고 있으면, 아빠는 "아빠가 돌아왔단다" 하고 말합니다.

저는 갑자기 웃음을 터뜨렸습니다. 동생이 더 이상 참지 못하고 웃기 시작했습니다. 동생이 "오늘은 일부러 모른 체했어요" 하며 또 웃었고, 아빠도 엄마도 웃었습니다.

우리 집은 대개 6시 반쯤부터 저녁을 먹기 때문에 오늘도 셋이 저녁을 먹었습니다.

그래서 아빠는 혼자서 밥을 먹습니다. 아빠가 식사하면서 동생에게 물었습니다. "꼬마야, 오늘 학교는 어땠니?" 동생은 화난 듯이 "누가 꼬마예요? 이 집에는 꼬마 없어요" 하자, 엄마도 일하던 손을 멈추고 "꼬마가 아니에요. '꼬오마' 라구요" 하고 말했습니다.

동생은 꼬마라고 하면 화를 내도, 꼬오마라고 하면 괜찮습니다. 왜냐하면 동생이 태어났을 때 작았기 때문에 내가 꼬오마라고 이름을 붙였기 때문입니다. 그래서 지금도 꼬오마로 통합니다.

나는 동생에게 말했습니다. "S야, 넌 언제까지나 꼬오마야." 그리고는 넷이 모두 웃었습니다. 언제나 우리 집에는 웃음이 끊이지 않습니다. 그리고 이 웃음은 언제까지나 계속되리라고 생각합니다.

〈그림 131〉

〈그림 152〉는 이 아이가 그린 가족화입니다.

그림을 보면 아버지의 모습이 조금은 강해 보입니다. 그래서 매일 반드시 "애들은 어디 있지?" 하고 묻는 아버지입니다. 어머니에게서는 아버지에 대한 배려와 여유가 느껴집니다.

웃음이 끊이지 않는 가정, 그리고 이 웃음은 언제까지나 계속될 것이라는 아이의 신뢰감과 안정감, 부모 자식 간의 강한 유대와 따뜻함이 느껴집니다.

가정에서의 '교육' 부족도 큰 '방심'이라고 생각합니다. 일상 생활의 기본적 습관은 가정에서 부모가 교육시키는 것이 정상입니다만, 현대에는 그 대부분이 어린이집이나 놀이방, 유치원, 각급 학교의 몫으로 돌려져 있습니다. 가정 교육은 두세 번 주의를 주었다고 해서 몸에 배는 것이 아닙니다. 매일매일 부모의 모든 행동을 보고 배우면서 행동이나 마음가짐을 갖추게 되는 것입니다.

이른바 '과외 교육'에는 열심이면서 반드시 시켜야 할 기본적인 가정 교육에 소홀한 점은 심각한 문제입니다.

풍부한 마음을 키워 주는 유아 교육이 중요

현대의 교육은 지나치게 지적인 지도에 치우쳐 심성적인 면은 잃어버

릴 지경에 처해 있다고 생각합니다. '풍부한 마음을' 이라는 말을 여기
저기서 많이 듣습니다만, 아무래도 구호를 외치는 데 불과하다는 느낌
을 지울 수가 없습니다.

마음의 교육은 갓난아기에게 모유를 먹일 때의 모자 상호 작용에서
출발합니다. 어릴 때부터 부모에게 사랑받으며 자라는 그 체험 하나하
나가 축적됨으로써 풍부한 마음이 생기는 것이지, 교육 덕목을 귀로 듣
는다고 해서 그것이 몸에 배는 것은 아닙니다.

덕(德)이란 실행하여 얻은 것이라는 말뜻 그대로, 실천하지 않으면 아
무 소용이 없습니다. 풍부한 마음을 기르기 위해서는 다음 사항을 구체
적인 실천의 장을 통해 지도해 나가야 할 것입니다.

- 진리를 추구하는 마음
- 아름다운 것에 감동하는 마음
- 생명을 존중하는 마음
- 남을 배려하는 마음
- 감사하는 마음
- 봉사하는 마음
- 참는 마음
- 기타

여기서 구체적인 사례를 들어 보겠습니다.

M양 이야기

M양은 내가 지금부터 30여 년 전에 담임을 맡았던 아이입니다. M양은 아주 마음씨 고운 아이였습니다. 그 무렵, 학급에는 2학년에서 6학년까지 남녀 모두 12명의 아동이 있었습니다. M양은 6학년이었습니다.

어느 날이었습니다. 방과 후 내가 교무실에 돌아왔을 때였습니다. "선생님, 큰일났어요. T한테 큰일이 났어요" 하며 남자 아이가 나를 불렀습니다. 나는 다치기라도 했나 걱정하며 서둘러 교실로 달려갔습니다.

가 보니 역시 큰일이 나 있었습니다. 2학년인 T양이 배탈이 났는지 팬티와 바지가 온통 대변으로 더럽혀져 있었습니다. 나중에 안 사실입니다만, 이를 본 M양이 친구에게 나를 불러 오라고 한 뒤, 교실에 있던 미술 공작용 신문지를 펼쳐 그 위에 T양을 세우고는 옷을 벗겨 몸을 닦아 주었습니다. 내가 갔을 때에는 몸을 다 닦아 주고 추스려 주는 중이었습니다.

나는 그 모습을 보고 가슴이 벅찼습니다.

"M, 고마워요. 선생님이 할 테니까 이제 됐어" 하고 말했는데도, 이 아이는 묵묵히 옆에서 끝까지 도와주었습니다.

나는 M양의 이 모습에 절을 하고 싶은 충동마저 일었습니다. 아무리 성적이 우수한 아이일지라도, 학교에서 할 수 있는 일이란 기껏해야 선생님을 부르러 가는 정도입니다. "도와줄래?" 해도 막상 도와줄 수 있는 일은 거의 없습니다. M양은 누가 시키지도 않았는데 그와 같은 훌륭한 조치를 취했습니다. 게다가 "이제 됐다"라고 해도 열심히 옆에서 거들어 주었습니다.

누가 이 아이를 성적이 좀 낮다고 해서 모자란 아이라고 할 수 있을까요?

M양은 성적은 좀 낮았지만, 열심히 노력했습니다. 성적이 조금씩 올라가 중학교를 졸업했고, 남들처럼 일반 고등학교도 졸업했습니다.

그로부터 몇 년이 지나 어떤 청년으로부터 "꼭 저희 집 식구가 돼 주십시오" 하는 청혼을 받아 25세에 시집을 갔습니다.

그 때, M양으로부터 편지를 받았습니다.

"선생님, 제가 시집가게 되었어요. 잘하는 것은 아무것도 없지만, 능력껏 열심히 살아 모두에게 사랑받는 신부가 되고 싶어요……" 하는 내용이었습니다.

훌륭한 마음가짐입니다. 나 같은 사람은 M양의 발꿈치에도 미치지 못합니다. 최고의 제자라기보다는 최고의 거울이라고 생각합니다.

배필은 M양에게 아주 잘 어울리는 사람이었습니다. 하는 일은 꽃집이었습니다. 나는 정말 잘 되었다고 생각했습니다. 지금도 활기차게 일하고 있는 M양의 모습은 내게 마치 꽃의 요정과 같이 느껴졌습니다.

무엇보다도 이렇게 훌륭하게 키워 주신 부모님을 생각하고는 깊은 감동을 받았습니다.

II장

올바른 부모의 상

아버지는 빛, 어머니는 눈물의 이슬
똑같은 자비 속에 자라는 패랭이꽃

위 노래는 『반야심경 강의』라는 책에 실려 있는 노래로, 저자도 "누구 노래인지 알 수 없지만, 아버지가 가르쳐 주었다"라고만 적었습니다.

이 책은 당시 베스트셀러여서 많은 사람들에게 널리 읽혔습니다.

그 해 처음 교단에 선 나는 이 노래에 크게 감명받아 교사도 이 두 가지 면을 갖춰야 한다고 다짐했습니다. 또한 이 노래를 생각할 때마다 부모님의 모습이 떠올랐고, 지금까지 50여 년 동안 잠시도 잊은 적이 없었습니다.

시대는 크게 바뀌었습니다만, 이는 아이 교육에 관계하는 부모와 교사에게 반드시 필요한 조건이 아닐까 생각합니다.

현대는 과보호에 지나친 응석, 극단적인 엄격함, 방임주의, 지나친 간섭 등 한쪽으로 치우친 경향이 강합니다. 항상 엄한 아버지, 항상 상냥한 어머니가 아니라, 때와 장소에 따라 다양하게 변모하는 부모의 모습을 보고 아이들은 강함과 부드러움을 배우며 안정감 있게 자랄 수 있다고 생각합니다. 부모 자식 간의 신뢰를 쌓는 일은 부모가 해야 할 중요한 임무 중 하나입니다.

그 다음으로 중요한 것은, 아이 교육은 부모의 노력 없이 절대 성공하지 못한다는 사실입니다. 가정은 인간이 갖추어야 할 기본을 배우는 곳입니다. 부모가 모범을 보이고 실천해야만 아이들도 따라 할 것입니다. 학교가 나쁘다, 사회가 나쁘다고 말하기 전에 부모가 모범을 보여야 할 것입니다. 현대는 지나치게 남의 탓을 잘 합니다. 권리 주장은 적극적이지만, 의무를 다하는 것에는 소극적입니다. 가정 교육은 아이를 어떻게 할 것인가가 아니라, 부모가 어떻게 해야 하는가를 생각하고 실천하여 보여 주는 것입니다.

다음으로, 평생 교육과 부모의 모습에 대하여 살펴보겠습니다.

"빨리 아이를 키우고 편안하게 스스로의 인생을 즐기고 싶다"는 말을 흔히 합니다만, 육아가 힘들다는 것은 틀림없습니다. 몸은 쉬고 있어도 마음은 쉴 틈이 없습니다. 빨리 아이로부터 벗어나고 싶어하는 심정도 무리는 아닙니다.

그러나 말은 그렇게 해도, 부모들은 죽을 때까지 자식을 생각하며 살아야 하는 것이 아닌가 생각합니다. 손수 돌보아 기른 아이를 잊을 수는 없습니다. 유대가 강하면 강할수록 그렇습니다.

그건 그렇다 치고 자신이 좋아하는 공부나 취미를 통해 인생을 즐기는 것은 바람직한 일입니다. 언제까지나 아이 뒷바라지에 매달려서는 안 된다고 생각합니다. 일정한 나이가 되면 부모는 자식의 고문 역할로 만족해야 합니다. 그러나 훌륭한 고문이 되는 것도 쉬운 일이 아닙니다.

그런데 우리는 그 나이가 되면 평생 교육 어쩌고 하면서 여생을 어떻게 보내면 좋을까 하고 이것저것 궁리하게 됩니다. 인생에서 여생이란 무엇일까요? 사회의 일선에서 물러난 뒤의 인생을 말하는 것일까요? 아니면, 자신의 일을 완료한 뒤의 인생을 말하는 것일까요? 사전을 찾아보면 '나머지 생명, 앞으로의 생애'라고 적혀 있는데, 어쩐지 낱말의 느낌이 허전합니다. 나머지 얼마 남지 않은 인생이라면 소중히 여겨야 당연한데도, 일반적으로는 누구나 그저 푹 쉬고 싶다고만 생각합니다.

여생이라는 낱말에서 우리는 무엇을 연상할 수 있을까요? 사오십대 여성에게 물어 보니, 즐긴다, 평생 교육, 건강, 노후, 부부애, 인생 등의 낱말이 연상된다고 답했습니다.

인생의 목적이 인격 완성의 추구라고 한다면, 우리는 각자의 개성에 맞는 인격 완성이라는 목표를 향해 끊임없이 나아가야 할 것입니다. 그 목표를 향해 나아갈 때 여생이라는 말은 무의미해집니다. 나는 여생이란 각자의 인격 완성을 추구하는 과정 중 인생을 마무리하는 때라고 생각합니다.

다음으로, 가정 교육에서 중요한 것은 환경입니다. 아이들은 부모가 이르는 말은 잘 듣지 않아도, 부모가 하는 행동은 그대로 따라 흉내냅니다. 교육에서 말하는 환경이란 단순히 주위를 이르는 것이 아니라 매개물(medium)을 이르는 것이라고 말하듯이, 아이들에게 매개하는 모든 것이 교육적 환경입니다.

아이들은 그 맑은 눈으로 교사와 부모와 할머니, 할아버지의 모든 행동을 묵묵히 관찰하며 흉내내고 배워 갑니다. 부모는 가정 최대의 환경이며, 교사는 학교에서 가장 중요한 환경입니다. 그 어느 쪽도 아이의 성장에 없어서는 안 될 매개물입니다. 이를 생각하면 여생을 어떻게 보낼 것인가는 참으로 중요하다고 생각합니다.

어차피 부모는 자식보다 먼저 세상을 뜨게 마련이지만, 도대체 부모는 자식에게 무엇을 남겨 줘야 할까요?

사랑하는 아이일수록 돈이나 재산이 아닌, 아이들의 마음에 언제까지나 남을 만한 것, 설사 그것이 미완성일지라도 부모로서 나름대로 완성하고자 노력한 최고의 것을 부모의 뒷모습으로서 남겨 주고 싶습니다. 바로 그것이 부모로서, 인간으로서의 사명이 아닐까 생각합니다.

사랑

괴로움을 받아들이는 따뜻함이
진정한 애정이 아닐까?
괴로워하는 아이들은
사랑에 굶주리긴 했지만,
결코 문제아가 아니지.
문제를 안게 된 것일 뿐.
사랑받지 못하고 자란 아이,
지금도 사랑을 찾아 헤맨다.

후 기

교직 생활 41년, 퇴직 후 교육 상담 기간 14년을 더하면 어린이들과의 관계는 55년이 됩니다만, 요즘만큼 교육의 위기를 느낀 적이 없습니다.

이지메 문제, 등교 거부, 비행, 폭력, 자살 등 수많은 충격적인 교육 문제를 분석해 보면, 부모 자식 간의 유대와 사제 간 유대의 약함, 교육적·사회적 환경 등 여러 가지 문제가 서로 얽혀 어린이들에게 최악의 영향을 미치고 있다고 생각합니다. 현대 사회는 물질적으로 풍부한 시대가 되었지만, 정신적인 면은 거꾸로 빈곤해져 가는 것은 아닌가 생각됩니다.

어린이들은 사랑과 이해에 굶주려 지속적으로 도움을 청하고 있는데, 어른들이 그 신호를 눈치채지 못하는 현상은 매우 안타깝습니다. 그러면서 뭔가 사건이 일어나면 무턱대고 다른 사람들의 탓으로 돌리기에 급급한 세상이 슬프기만 합니다.

우리는 지금 무엇을 생각하고, 어떻게 하면 좋을까요? 다른 사람을 책망하는 것은 쉽지만, 자신을 책망하기는 어렵습니다. 그렇지만 여기서 중요한 것은, 부모든 교사든 누구든지 우선 자기 반성을 바탕으로 하여 마음을 하나로 모으고 손을 맞잡는 자세입니다.

어린이 문제의 해결은 우선 어린이를 바르게 이해하는 것에서부터 시작해야 합니다. 지금 하고 있는 행동을 꾸짖어도 좀처럼 고쳐지지 않습니다. 진짜 원인은 무엇인가, 무엇을 바라고 있는가, 입으로 말할 수 없는 심층 심리를 파악하는 것이 중요합니다. 그들은 괴로운 것, 바라고 있는 것을 무의식 중에 행동과 태도, 그림, 그리고 그 밖의 여러 가지 형태로 표현하고, 우리들에게 전하려 합니다.

따라서 우리는 그것을 발견하려고 노력해야 합니다. 이렇듯 위험 신호는 많이 나타나고 있는데, 우리는 알아채지 못하고 있습니다. 나는 이 책에서 특히 이것을 호소하고 싶습니다.

나는 많은 사례 하나하나를 실증해 왔습니다. 그 결과로부터 그들의 신호(SOS)를 확실히 이해하지 못하는 한, 진짜 교육과 지도는 불가능하지 않을까 생각합니다. 특히 최근에는 이지메 문제가 자살로까지 치닫는 심각한 상황에 이르고 있습니다. 더 이상 망설일 수 없습니다. 이 책에서 강조하는 점은 여기에 있습니다.

그렇다 하더라도, 앞으로 이지메 문제는 어떻게 다루어야 할까요? 이미 이 책에서 요점을 말했지만, 괴로움을 주는 쪽이든 괴로움을 당하는 쪽이든, 좀 더 어린이를 바르고 깊이 있게 이해하는 것이 중요합니다. 어른들은 아무래도 어린이의 마음을 몰라도 너무 모릅니다.

첫째, 문제가 일어난 후에 신호(눈에 보이는 신호)를 보는 것은 너무 늦습니다. 문제 발생 전의 신호, 보이지 않는 신호(소리 없는 소리, 보이지 않는 마음)를 파악하는 것이 중요합니다. 그러려면 분석적 이해(행동 관찰, 정신 분석, 심리 검사 등)가 필요합니다. 이 책의 목표도 여기에 있습니다. 그리고 또 하나 중요한 점은, 공감할 수 있는 이해를 구하는 것입니다. 상대의 기분과 생각을 상대의 입장이 되어 받아들이는 것입니다. 괴로움을 이해해 주는 따뜻함이 중요합니다.

둘째, 유아기의 가정 교육이 중요합니다. 이것은 기본적인 것이지만, 초등학교에 입학한 후의 도덕 교육으로는 너무 늦습니다. 신생아 무렵부터의 사랑과 이해가 출발점입니다. 이 책의 한 사례에도 나타나 있습니다만, '이지메를 당하는 아이의 등교 거부'는 이지메보다도 유아기 때의 부모와 자식 관계에 대부분 문제가 있습니다. 요즘은 태어날 때부터 사랑에 굶주린 아이가 많은 것 같습니다.

기본적 욕구가 충족되어 있고 안정감이 있으면 걱정할 필요가 없겠습니다만, 마음과 성격이 형성되는 유아기에 아이를 방치해 두어서는 안 됩니다. 이지메를 비롯한 모든 문제도 여기에서 출발하므로 고치지 않으면 진짜 해결은 어렵다고 생각합니다.

"교육이란 감동을 주고 감동을 이끌어 내는 것"이라고 생각합니다. 단 한 명의 어린이를 진정으로 구제하기 위해서도 가족 전원과 학교 전

직원, 그리고 실천적인 임상 전문가가 필요합니다. 이 삼자가 사랑과 신뢰로 연결되어 지도와 치료를 한다면 반드시 문제가 해결되리라 믿습니다. 괴로워하는 어린이들을 한 명이라도 구제할 수 있기를 마음으로부터 바라고 있습니다.

마지막으로, 귀중한 자료를 제공해 주신 많은 분들께 감사드립니다.

나카니시 요시오

그림으로 읽는 아이들 마음

1996년 7월 15일 1판 1쇄
2004년 11월 30일 2판 1쇄
2017년 6월 23일 2판 9쇄

지은이 : 나카니시 요시오 | 옮긴이 : 김장일
편집 : 김장성, 양희진 | 디자인 : design MOL | 제작 : 박홍기 | 마케팅 : 이병규, 이민정, 최다은
출력 : 한국커뮤니케이션 | 인쇄 : POD 코리아 | 제책 : 정문바인텍

펴낸이 : 강맑실 | 펴낸곳 : (주)사계절출판사 | 등록 : 제406-2003-034호
주소 : 우)10881 경기도 파주시 회동길 252
전화 : 031)955-8588, 8558 | 전송 : 마케팅부 031)955-8595 편집부 031)955-8596
홈페이지 : www.sakyejul.co.kr | 전자우편 : skj@sakyejul.co.kr
독자카페 : 사계절 그림책 cafe.naver.com/skjpicture | 블로그 : skjmail.blog.me
페이스북 : facebook.com/sakyejulpicture | 트위터 : twitter.com/sakyejul
인스타그램 : sakyejul_picturebook

값은 뒤표지에 적혀 있습니다. 잘못 만든 책은 구입하신 서점에서 바꾸어 드립니다.
사계절출판사는 성장의 의미를 생각합니다. 사계절출판사는 독자 여러분의 의견에 늘 귀기울이고 있습니다.
이 책은 저작권법에 따라 보호받는 저작물이므로 무단전재와 무단복제를 금합니다.

ISBN 978-89-5828-046-0 03370